dtv

Ein Egoist denkt nur an den eigenen Vorteil – das wissen wir. Doch wissen wir auch, was ein Egozentriker ist? Und wissen wir vor allem, dass ein Egozentriker viel gefährlicher ist als ein Egoist? Im Gegensatz zum Egoismus, von dem jeder von uns eine gesunde Portion benötigt, ist Egozentrik krankhaft und ausschließlich negativ motiviert. Ein Egozentriker geht stets davon aus, die alleinige Berechtigung zum Leben zu besitzen. Seine Mitmenschen zählen nicht für ihn, er nimmt sie nur wahr als Befriediger der eigenen Bedürfnisse, als emotionellen Supermarkt, in dem er sich ungehindert bedienen kann.

Egozentriker hat es immer und in allen Gesellschaften gegeben, doch auffällig ist, dass die Zahl der Ich-Zentrierten in unserer globalen Massengesellschaft ständig wächst. Häufig erkennen wir einen von ihnen allerdings erst, wenn es zu spät ist – zu raffiniert sind die Methoden, mit denen sie uns belügen und betrügen, ausbeuten und verletzen.

Uta Hess fordert uns auf, gemeinsam gegen diese Psycho-Seuche in unserer Gesellschaft zu kämpfen. Sie analysiert Ursachen, Auswirkungen und Erscheinungsformen der Egozentrik und erklärt anhand zahlreicher Fallbeispiele, wie man sich erfolgreich gegen sie wehren kann – damit unser Alltag wieder menschlicher wird!

Uta Hess, geboren 1959, hat Philosophie und Geschichte studiert und bereits zahlreiche Sachbücher veröffentlicht. Sie lebt mit ihren zwei Hunden in Schleswig-Holstein.

Uta Hess

Die Ich-Gesellschaft

Vom Umgang mit Egozentrikern

Deutscher Taschenbuch Verlag

Originalausgabe
Juni 2000

www.dtv.de

Umschlagkonzept: Balk & Brumshagen
Umschlagbild: ›The Mirror of Venus‹
(1870–1876) von Sir Edward Burne-Jones
Satz und Gestaltung: Hartmut Czauderna, Gräfelfing
Gesetzt aus der 10,4/13˙ Stempel Garamond auf
Apple Macintosh, Quark XPress
Druck und Bindung: C. H. Beck'sche Buchdruckerei,
Nördlingen
Gedruckt auf säurefreiem, chlorfrei gebleichtem Papier
Printed in Germany · ISBN 3-423-36180-8

Inhaltsverzeichnis

Teil III
Die Opfer der Egozentriker 115

Teil IV
Vom Umgang mit Egozentrikern 145

Einleitung

21, 22, 23 … Triumphierend hielt ich den Siegerdaumen nach oben. Ich hatte gewonnen! Eine kleine Wette zwischen einem Freund und mir. Es hatte ganze drei Sekunden gedauert, bis unsere Bekannte Karin am anderen Ende der Leitung zum erstenmal *ich* sagte. Mein Partner hatte dagegen gewettet, sie würde diese Zeit, wie so oft, unterschreiten. »Diesmal nicht!« war meine Antwort gewesen, und ich hatte eine gute Begründung: Während einer der letzten unzähligen Anrufe – die eigentlich eher Monologe waren, Direktübertragungen aus ihrem Wohnzimmer sozusagen –, hatte ich Karin auf ihr egozentrisches Verhalten hingewiesen. Mit übertrieben gespieltem Entsetzen beteuerte sie, dass sie das überhaupt noch nie bemerkt hätte und dass sie so etwas zum erstenmal hören würde. Ich wusste jedoch von anderen Bekannten, dass ich bei weitem nicht die erste war – jeder, der konnte, suchte das Weite und versuchte sich ihrem Dunstkreis zu entziehen.

Es war schier unerträglich, wie überdimensional wichtig sie jedes Detail ihres eigentlich ganz normalen Lebens nahm. Sie war schließlich weder die Königin von England noch überragend intelligent oder interessant, geschweige denn unterhaltsam oder charmant, von Schönheit wollen wir nicht reden, da die ja bekanntlich relativ ist. Das wäre ja so weit auch noch nichts Schlimmes, da fast jeder von uns eine Mischung aus meist unspektakulären Eigenschaften ist und dabei trotzdem eine einzigartige Persönlichkeit darstellt. Das Einzigartige an einem Vollblut-Egozentriker ist nun allerdings, dass er meint, etwas ganz Besonderes und deshalb wichtiger als all seine Mitmenschen zu sein. Gottgleich, sozusagen.

Was für normale Menschen frevelhafter Größenwahn ist, bedeutet für den Egozentriker das alltägliche Lebensgefühl.

Ich hatte also das Abenteuer gewagt, eine Egozentrikerin auf ihr nervtötendes »Ich, Ich, Ich«-Gerede anzusprechen. Ihre Reaktion beinhaltete allerdings keineswegs ein Interesse daran, warum mich all ihre Geschichten, die sich um ihren kleinen Bauchnabel drehten, so nervten. Es waren rein taktische Gründe, die sie dazu brachten, zum Schein auf mich einzugehen – schließlich musste sie sich ja meine Anwesenheit am anderen Ende der Leitung sichern. Außerdem gab es bestimmt wieder eine Menge Situationen, in denen ich äußerst nützlich sein würde, wie schon so häufig in der Vergangenheit.

Karins Anrufe waren wirklich eine Qual. Trotzdem hörte ich zu, weil sie ja sonst niemanden mehr hatte, weil es ihr immer so schlecht ging, weil Karin ein armes Hascherl war, das immer nur Pech hatte.

»Wie geht es dir?«

»Gut, danke!«

»Ach, echt? *Mir* geht es nicht so gut. *Ich* wollte heute den Pullover kaufen, der mir so gut gefällt, und der war doch tatsächlich nicht mehr da! *Ich* verstehe das nicht, denn *ich* wollte den doch unbedingt haben! Wie konnte das nur passieren! Ach, *ich* bin total deprimiert. Wo *ich* doch nächste Woche Geburtstag habe. Bestimmt bekomme *ich* wieder nichts Vernünftiges geschenkt.«

Blabla, *ich* … Blabla, *ich* …

Nachdem ich auch diesmal völlig erschöpft den Hörer sinken ließ, stellte ich fest, dass wieder zwei wertvolle Stunden meines Abends vergangen waren. Gestohlene Zeit! Eigentlich wollten wir es uns heute mal vor dem Fernseher gemütlich machen, aber den Film hatte ich nun leider verpasst – weil Karin ja so viele Sorgen hatte, weil Karin mal wieder so viel Unrecht geschehen war, weil Karin so viel brauchte, wovon sie nicht genug hatte. Während Karin schließlich vergnügt den Hörer auflegte, waren mein Abend und meine Laune mal wieder gründlich versaut.

Irgendetwas daran war nicht fair. Bislang hatte sich meine Gegenwehr auf faule Ausreden beschränkt und auf meine lächerlichen Versuche, sie auf ihre Ichbezogenheit aufmerksam zu machen. Aber warum ließ ich mich derartig in die Enge treiben, dass ich sogar Notlügen erfand? Für was? Für wen? Warum? Notlügen, nur um nicht zwei oder drei Stunden von Karin bequatscht zu werden, nur um einen gemütlichen Abend zu zweit verbringen zu können! Und nicht einmal das schaffte ich immer.

Ich begann nachzudenken. Entweder war ich nicht normal oder Karin. Auffallend war allerdings, dass Karins Verhalten dem meiner früheren Freundin Martina bis aufs i-Tüpfelchen glich: Martina, eine Lehrerin, hatte mich vor ein paar Jahren ebenfalls pausenlos mit ihren Alltagserlebnissen und ihrer traumatischen Beziehung gequält. Auch sie hatte sich zu einem knappen »Wie geht's dir?« gezwungen, ohne jedes echte Interesse. Ach ja, und dann gab es da noch Anne, eine alte Studienfreundin, die oft nicht bereit war nach Hause zu gehen, obwohl ich schon mehr als zwei Stunden im Nachthemd auf meinem Bett saß. Sie musste am nächsten Tag nicht früh aufstehen, weil sie kein Seminar hatte. Stattdessen hatte sie ja noch so viel von sich zu erzählen!

Unfassbar, dass ich so viele dieser Leute kannte! Da war er plötzlich, der rote Faden. Es schien sich eine Kette von Menschen durch mein Leben zu ziehen, die eines gemeinsam hatten: Sie kreisten ausschließlich um ihr eigenes Ich. Fehlte ihnen ein Kleidungsstück, konnten sie es prima von mir leihen. Mussten sie irgendwo hingefahren werden, ich hatte ja ein Auto. Hatten sie kein Geld, keinen Job, keine Begleitung, keinen Zuhörer, Langeweile oder sonst irgendein Bedürfnis, so konnten sie ja mich fragen. Aber wehe, ich sagte nein, dann verschwand ganz plötzlich der süßliche Tonfall, und das Gespräch war nach höchstens einer Minute zu Ende. Nichts und niemand interessierte diese Menschen außer sie selbst.

Seit 25 Jahren hatte ich immer einen oder mehrere Egozentriker an meinen Hacken kleben und hatte es nicht wirklich bemerkt. Lag es an mir? War ich dümmlich, naiv oder klebte ein Schild auf meiner Stirn mit dem Aufdruck »Bitte ausnutzen«?

Lange saß ich da, starrte an die Decke und versuchte herauszufinden, ob ich ein Schaf war oder Karin, Martina und Anne Bestien, oder ob die Wahrheit irgendwo in der Mitte lag. Dann endlich fiel mir auf, dass nicht nur ich so behandelt wurde, sondern alle, mit denen diese »Ich-Menschen« Kontakt hatten.

An jenem denkwürdigen Abend begannen meine Egozentrik-Forschungen. Ich machte mich daran, all die netten, liebenswürdigen und hilfsbereiten Menschen zu befragen, die ich kannte, und mir wurde ganz schwindelig. Es war, als hätte ich in ein Wespennest gestochen. Es sprudelten Geschichten von unglaublichen seelischen Verletzungen, schamlosester Ausnutzung, zertretenem Selbstbewusstsein und geplünderten Bankkonten auf mich ein. Die Egozentriker hatten oft verbrannte Erde in den Seelen ihrer Opfer hinterlassen. Es schien ein ganzes Heer dieser Verwüstung stiftenden »Ich-bin-das-Zentrum-der-Welt«-Menschen zu geben. Doch zum Glück kämpft jeder dieser Vandalen stets für sich allein. Nicht auszudenken, was passierte, kämen sie eines Tages auf die Idee, sich zu verbünden. Doch zum Glück schließt ihre Seelenkrankheit ein gemeinschaftliches Vorgehen von vornherein aus. Nur für sich und den eigenen Vorteil kämpfen sie, und zwar mit allen Mitteln. Das ist ihr Lebensmotto, und das ist schlimm genug.

Durch die zahlreichen Gespräche begriff ich plötzlich, dass es sich um eine Art psychische Seuche handeln musste, die manchmal auch ihre Opfer ansteckte. Es ist nicht die persönliche Dummheit oder Naivität der zahllosen netten Menschen, die auf Egozentriker hereinfallen, sondern meist ist es gerade ihre ausgeprägte soziale Ader und ihre Moral, die ihnen zum Verhängnis wird. Es wurde mir klar, dass Egozentriker überall und bei jedem Menschen versuchen, den eigenen Vorteil herauszuschlagen. Manche Menschen setzen sich eher zur Wehr, manche später. Wenn ein Egozentriker abblitzt, versucht er es sofort beim nächsten, so lange, bis er ein williges Opfer gefunden hat.

Das Ausnutzen der Mitmenschen hat erstens System und ist zweitens ganz und gar unpersönlich!

Wer sich als nützlich erweist, ist sofort der beste Freund eines Egozentrikers. Und noch etwas schälte sich bei meinen Gesprächen heraus: Das Verhalten von Karin, Martina und Anne ist austauschbar. Sie sind keine extrem individuellen Persönlichkeiten, sondern Reaktionen, Antworten und Taktiken waren in allen mir geschilderten Fällen so erschreckend identisch wie die Symptome bei Windpocken.

Egozentrisches Verhalten ist in unserer Gesellschaft weit verbreitet. Unter dem Deckmantel der Selbstverwirklichung hat sich der Ich-Kult fast zu einer salonfähigen Masche gemausert. Deshalb ist es oft schwierig, einen Egozentriker als solchen zu erkennen. Egozentrik unterscheidet sich deutlich von gesundem Egoismus und ist eine ernst zu nehmende Störung auf der Ebene unserer Urinstinkte, wodurch sie ein enormes Detonationspotential für jede soziale Gemeinschaft darstellt.

Dieses Buch will aufmerksam machen auf den Schaden, die diese seelische Seuche in unserer Gesellschaft anrichtet. Und es will endlich etwas tun – gegen die weitere Verbreitung der Ego-Seuche und für die anderen, für die Opfer, die Ausgenutzten, die Verratenen, die durch Intrigen und Lügen Geschädigten. Dabei will ich all jenen Mut machen, zu Nassauern endlich mal unfreundlich zu sein, nein sagen zu können. Nicht jeder Bittsteller verdient unsere Hilfe. Wichtig dabei ist, das Bewusstsein dafür zu schärfen, wann wir es mit einem Egozentriker zu tun haben und wann mit einem echten Bedürfnis nach Nähe und Freundschaft.

Das Gespräch mit anderen geschädigten Mitmenschen ist nicht nur eine große seelische Erleichterung, sondern hilft, eine solidarische Front der Zwischenmenschlichkeit zu bilden. Nichts ist dem Egozentriker verhasster als Offenheit und gesundes soziales Miteinander. Auf diesem Nährboden von Harmonie, offenen Gesprächen und Zusammenhalt steht ein Egozentriker auf verlorenem Posten.

Ziehen wir uns zurück, weil ein Egozentriker uns einen Tiefschlag verpasst hat, geben wir ihm nur einen Freibrief, das nächste Opfer fertig zu machen. Was wirklich schützt gegen egozentrisches Verhalten, wie man es erkennt und was getan werden kann, steht ebenfalls in diesem Buch.

Zuverlässigkeit, Hilfsbereitschaft, Freundlichkeit und Mitgefühl sollten nicht länger als Schwächen ausgenutzt werden können, sondern endlich wieder zu dem werden, was sie schon immer waren: nötige soziale Eigenschaften einer menschlich gesunden und harmonischen Gesellschaft. Wenn egozentrisches Verhalten nicht zum Vorteil wird, sondern in die Isolation führt, können wir auf eine bessere Zukunft hoffen, in der es kein Roulettespiel mehr ist, jemanden als Freund, Bekannten, Nachbarn oder Geschäftspartner zu behandeln.

TEIL I

Was ist Egozentrik?

1. Der Egozentrik-»Virus« kennt keine Grenzen

Wie von einem Grippevirus kann jeder Mensch von Egozentrik befallen werden, unabhängig von Geschlecht, Hautfarbe, Herkunft oder gesellschaftlicher Stellung. Es wäre einfacher, wenn man die Anfälligkeit für diesen offenbar äußerst ansteckenden »Virus« in irgendeiner Form eingrenzen könnte.

Manchmal scheint es tatsächlich so, als sei die Egozentrik besonders unter extrem wohlhabenden Menschen weit verbreitet, doch das ist nur eine der vielen falschen Fährten, die uns den Zugang zum Problem der Egozentrik erschweren. Denn blicken wir nur auf die betuchten Zeitgenossen, um diese Krankheit zu lokalisieren, entgehen uns all die anderen Egozentriker, die still und eifrig ihre Umwelt aussaugen.

Egozentrik ist leider eine Lebenshaltung, die sich in jeder Gesellschaftsschicht findet. Der Tanz um den eigenen Bauchnabel und die ewige Jagd nach den eigenen Vorteilen findet sich bedauerlicherweise sogar unter den Ärmsten der Armen. Egozentrik kennt keine Grenzen, leider auch keine Schamgrenzen. Dieser Seelenvirus zerrüttet jede Form zwischenmenschlicher Beziehung ohne jegliche Rücksichtnahme.

Die uneingeschränkte gesellschaftlichen Verbreitung wirft sofort eines der Grundprobleme im Erkennen von Egozentrik auf: Diese krankhafte Ichsucht kann in jeder noch so bemitleidenswerten Verpackung versteckt sein. Umso dringlicher ist es, die Verhaltensmuster eines Egozentrikers sichtbar zu machen, damit jeder von uns die notwendige Unterscheidung zwischen einem echten Hilfebedürftigen und einem Ego-Vampir treffen kann.

In diesem Punkt kommen uns die Symptome der Egozentrik

glücklicherweise entgegen, denn die Verhaltensmuster sind, unterhalb der Oberfläche von schichtspezifischen Benimmformen, identisch – absolut identisch. Egozentrisches Verhalten folgt einem erkennbaren stereotypen Muster, wodurch die Ego-Vampire geradezu gleichgeschaltet erscheinen, so als gehorchten sie, wie an unsichtbaren Fäden befestigte Marionetten, einem immer gleichen zerstörerischen Befehl.

2. Was ist Egozentrik?

Die Zusammensetzung der Worte »Ego« und »Zentrum« bedeuten zunächst einmal, dass das Ich im Zentrum steht. Das klingt einfach, fast harmlos. Was also ist schlimm daran, wenn das eigene Ich im Zentrum steht? Ist es nicht vielmehr gesund und normal, wenn jemand zunächst von sich selbst ausgeht? Aufmerksamkeit und Anerkennung von anderen braucht schließlich jeder von uns – der eine mehr, der andere weniger.

Bei der Egozentrik geht es um etwas anderes, um tiefer liegende Schichten des Ichs, um die Basis, die Grundeinstellung zum Leben an sich. Egozentrik bedeutet nicht, dass das Ich die zentrale Steuerzentrale des einzelnen Egos ist und dass dieses Ego sich gerne mal im Zentrum der Zuwendung befindet. Ein solches Verhalten – bei dem das Ich häufig im Zentrum des eigenen Egos steht – nennt man Egoismus.

Ein egozentrischer Mensch hält sein eigenes Ich nicht für das Zentrum seines Egos, sondern für das Zentrum der Welt!

Ein Egoist übersieht oder übergeht bewusst die Bedürfnisse anderer Menschen, weil er das für sein Selbstwertgefühl braucht. Im Gegensatz dazu ignoriert ein Egozentriker nicht einfach die Bedürfnisse anderer Menschen, er nimmt sie gar nicht erst als solche wahr. Man kann nichts ignorieren, was für einen selbst nicht existiert!

Das, was ein Egoist zwar als lästiges Übel, aber dennoch als existent betrachtet, was er also rücksichtslos bekämpfen muss, damit er das größte Stück vom Kuchen abbekommt, das ist für den Egozentiker schlicht nicht mehr vorhanden. Ein Egozentriker ist also nicht nur die Steigerung des Egoisten, er ist die gefährliche Verkehrung ins Gegenteil: Das Gegenüber wird nicht einmal mehr als Gegner betrachtet, sondern als Ding, das entweder im Weg steht oder als eine Art »emotionaler Supermarkt« dient, den es auszubeuten gilt. Die Konsequenz eines solchen Verhaltens kann nur die totale Zerstörung der sozialen Gemeinschaft sein.

Der Vergleich zum mittelalterlichen Weltbild, als die Menschen noch glaubten, sie seien das Zentrum, um das sich alle Himmelskörper drehen, liegt hier nahe. Die Entdeckung des Kopernikus, dass sich die Erde um die Sonne dreht und nicht umgekehrt, war schließlich nicht nur eine wissenschaftliche und theologische Revolution, sondern auch ein herber Schlag gegen das Selbstwertgefühl der Menschheit. Plötzlich war sie nicht mehr das Zentrum allen Seins, nicht mehr der Augapfel Gottes.

Die Menschen haben gelernt, damit zu leben. Scheinbar. Egozentriker hat es immer gegeben, zu allen Zeiten und in allen Teilen dieser Erde. Für sie ist die Erde immer eine Scheibe geblieben – eine Scheibe, die sich nur um sie dreht, andere Menschen inklusive.

Auffällig ist, dass sich diese Störung des Ichs in den letzten Jahrzehnten rapide verbreitet hat und kaum jemand etwas dagegen tut. Die Ursachen dieses gesellschaftlichen Problems können allerdings durchaus benannt und bekämpft werden.

3. Über den Unterschied zwischen Egoismus und Egozentrik

»Egoismus (Selbstsucht) bezeichnet die Einstellung eines Menschen, der nur die Befriedigung seiner eigenen Bedürfnisse im Auge hat, im Konfliktfall zum Nachteil anderer.« Ein egozentrischer Mensch »fällt durch seine Selbstüberheblichkeit im sozialen Kontakt auf, insbesondere durch sein häufiges Reden über seine eigene Person und ihre Belange.«[1]

In der Psychologie werden Egozentrik und Egoismus deutlich voneinander unterschieden. Auch wenn manche Verhaltensweisen durchaus ähnlich sind, ist Egozentrik eine krankhafte Störung, während Egoismus zwar Selbstsucht beinhaltet, aber eben keine prinzipielle Unfähigkeit, andere Menschen verstehen zu können. Ein Egoist denkt einfach nur an sich, weiß aber sehr wohl, dass andere Menschen auch ihre Wünsche und Ziele haben. Ein Egoist betrachtet seine Mitmenschen als Konkurrenten im Kampf um den größten Brocken, nimmt sie aber gleichzeitg als andere Ichs wahr. Ein Egozentriker hingegen weiß nicht, dass außerhalb seines Ichs andere Ichs existieren. Er lebt in dem Wahn, alles auf der Welt sei nur für ihn da. Insofern befindet sich der Egoist immer noch innerhalb unserer Gesellschaft, während der Egozentriker bereits außerhalb steht und die Gesellschaft samt ihrer einzelnen Mitglieder als ausbeutbares Material betrachtet.

Ein Beispiel: Der Egoist Paul weiß, dass sein Kollege Karl genauso hinter der Beförderung her ist wie er selbst. Als Egoist versucht Paul sich in den Vordergrund zu spielen und Karl auszustechen. Das fällt immer noch in den Rahmen des Wettbewerbs. Es ist ein Kampf der verschiedenen Ichs untereinander.

[1] Otto Brachfeld: ›Egozentrik‹. Aus: *Historisches Wörterbuch der Philosophie*, Bd. 2, S. 318. Wissenschaftliche Buchgesellschaft, Darmstadt 1972

Als Egoist weiß Paul, dass Karl sich ebenfalls durchsetzen möchte, und er handelt dementsprechend: Er versucht stärker und besser zu erscheinen als Karl. Das mag man moralisch bedenklich finden, ist aber durchaus menschlich und bis zu einem gewissen Grade auch gesund. An der realen Existenz von Karls Bedürfnissen zweifelt Paul jedenfalls nicht.

Krankhaft und damit egozentrisch würde es erst, wenn Paul noch nicht einmal wahrnähme, dass Karl das gleiche Interesse an einer Beförderung hat wie er selbst. Paul würde Karl nicht als eigenständiges Wesen erkennen. Für einen Egozentriker gibt es keine anderen Ichs oder gar gleichberechtigte Mitmenschen auf der Erde. Es gibt nur das eigene Ego, das Zentrum der Welt. Ein Egozentriker misst alles – ob Menschen, Materie oder Glück –, ausschließlich in Bezug auf sein eigenes Ich, das für ihn der Maßstab aller Dinge ist.

Wenn Paul ein Egozentriker wäre, würde er Karl lediglich als Störfaktor bezüglich seiner eigenen Interessen wahrnehmen. Er nähme Menschen entweder nur als störend oder nützlich wahr. Kollegen, Freunde, Feinde, Konkurrenten würde er nicht kennen. Andere Menschen wären lediglich passende oder unpassende Teile seines eigenen, egozentrischen Universums.

In der Tiefenpsychologie wird Egozentrik als »psychopathologisches Merkmal« definiert, also als krankhafte psychische Störung. Für Alfred Adler ist Egozentrik ein neurotisches Symptom, dessen Kern der »Mangel an Gemeinschaftsgefühl« ist. In der Sozialpsychologie definiert Albert Wellek Egozentrik sogar als das Gegenteil jeder sozialen Gemeinschaft. Fritz Künkel gibt als Kennzeichen eines Egozentrikers die »Reizbarkeit und ein bis zur Selbstvergottung gesteigertes Ich-Gefühl« an. Neuere Forschungen definieren den Kern dieser Selbstzentriertheit als »Gleichsetzung der Eigenwerte mit (…) der Wertewelt«[2] insgesamt.

2 ebda.

Ein egozentrischer Mensch lebt also in dem Irrglauben, seine Maßstäbe seien die einzig existierenden. Das bedeutet nicht nur, dass es außer seinen eigenen Maßstäben keine anderen gibt, sondern dass es für einen Egozentriker so aussieht, als sei die Welt nach seinen eigenen Maßstäben ausgerichtet. Hier wird der Unterschied zum Egoismus besonders deutlich, denn ein Egoist weiß sehr wohl, dass seine Meinungen, Maßstäbe und Ziele nur seine persönlichen sind und dass jeder der über sechs Milliarden Menschen auf der Erde andere haben kann und darf. Ein Egoist ist lediglich besonders motiviert, seinen eigenen Willen durchzusetzen – nicht mehr und nicht weniger. Für den Egozentiker gibt es hingegen nichts durchzusetzen – er versteht die ganze Welt nicht mehr, sobald etwas anders läuft, als er es sich vorgestellt hat.

4. Warum gibt es Egozentriker?

Das Wort *Egozentrik* ist die verkürzte Form des eigentlichen Fachausdruckes *Egozentrismus*. Bereits 1923 fand Jean Piaget in seinen psychologischen Studien zur Entwicklung des kindlichen Ichs heraus, dass jedes gesunde Kind zwischen drei und sechs Jahren eine egozentrische Phase durchmacht. In dieser Entwicklungsstufe unterscheidet das Kind nicht zwischen seinem eigenen Ich und dem anderer Menschen oder zwischen seinem Ich und der Welt insgesamt. Das Kind sieht sich als Zentrum einer Welt, die sich ausschließlich auf das Kind bezieht.

Jean Piaget definiert Egozentrismus als eine »Täuschung [Illusion] in der Perspektive«. Was als natürliche kindliche Entwicklungsstufe normal und gesund ist, weil zum Aufbau eines Ich-Gefühls notwendig, bedeutet bei einem Erwachsenen jedoch eine schwere psychische Störung:

»Alle Wahrnehmung und Verarbeitung sowie jegliche Bewertung des Wirklichen wird vom eigenen Standpunkt oder Bezugssystem aus vorgenommen (...). Das Selbst wird nicht von der Umwelt abgehoben, sondern bildet im Weltbild des Kindes mit ihr eine Einheit. Dem Egozentrischen geht ein autistisches Stadium voraus, in dem die Umwelt weitgehend unverarbeitet bleibt; dem Übergangsstadium des Egozentrismus folgt ein Stadium des Realismus; speziell im Sozialverhalten folgt ein Stadium der Vergesellschaftung, das heißt der Einbeziehung der sozialen Umgebung in Erkenntnisvorgänge und Verhalten.«[3]

Die egozentrische Perspektive ist also eine Entwicklungsstufe des Menschen auf dem Wege zum sozialen Ich. Dabei entwickelt ein Kind noch vor dem sechsten Lebensjahr, also der Schulreife, den notwendigen gesunden Realitätssinn, Voraussetzung für die Ausbildung eines sozialen Bewusstseins, also des Bewusstseins dessen, Mitglied einer sozialen Gemeinschaft zu sein.

Vor der egozentrischen Phase hat das Kleinkind im autistischen Stadium noch keinen Maßstab, an welchem die unsortierten Eindrücke von außen gemessen werden könnten. Kinder, die in dieser Stufe psychisch gefangen bleiben, kennen wir als Autisten – sie sind auch als Erwachsene nicht in der Lage, einen echten Kontakt zu sich selbst und zur Außenwelt herzustellen.

Im egozentrischen Stadium erlangt die Psyche des Kleinkindes einen ersten Maßstab, nämlich das eigene Ich, an dem alle Eindrücke gemessen, bewertet und sortiert werden können. Bleibt ein Kind in der egozentrischen Phase stecken, wird es die Umwelt quasi als sein »Eigentum«, als Teil seines Selbst betrachten und nicht begreifen, dass andere Menschen einen eigenen Willen, eine freie Meinung, eigene Ziele oder gar ein eigenes Ich haben.

3 Otto Brachfeld nach Jean Piaget. Aus: ebda., S. 318

Ein egozentrischer Erwachsener verhält sich auffällig, wird aber, wie erwähnt, fälschlicherweise meist als Egoist eingestuft. Während Autismus ganz klar als psychische Störung gilt und damit als behandlungsbedürftig anerkannt ist, würde jedoch niemand auf die Idee kommen, Egozentrik als eine ebenso gravierende und damit dringend behandlungsbedürftige Störung der Psyche zu betrachten wie Autismus – mit Ausnahme der Ärzteschaft natürlich, doch der Weg zum Psychologen ist weit, solange die Umwelt Egozentrik durch die Gleichsetzung mit Egoismus verharmlost.

Die Zahl der so genannten primären Egozentriker, also der Menschen mit einer frühkindlichen psychischen Entwicklungsstörung, steigt ständig. Die Spekulationen hinsichtlich der Ursachen reichen von »modern vernachlässigten« Kindern – also Kindern, die von ihren viel zu viel arbeitenden Eltern sehr häufig sich selbst überlassen werden und denen quasi als »Ausgleich« für das elterliche Schuldgefühl alle Wünsche erfüllt werden –, bis hin zu den »klassisch vernachlässigten« Kindern, die zu wenig Zuwendung bekommen, weil die Eltern andere Interessen haben, als sich um sie zu kümmern.

Kinder, denen alle Wünsche erfüllt werden, lernen nicht, zu teilen und zu verzichten – sie halten sich schlicht für allmächtig. Kinder, die keine Einschränkung erfahren, weil sich niemand um sie kümmert, und sie sich daher alles selbst »besorgen«, was sie haben wollen, werden sich ebenfalls für allmächtig halten. Doch es sind nicht nur die gleichgültigen oder überarbeiteten Eltern, die Kinder mit egozentrischen Störungen heranziehen, auch überbehütete Kinder können sich zu Egozentrikern entwickeln. Stammhalter und Erben, also jene Kinder, die mit dem goldenen Löffel im Mund geboren werden, kennen meist keine Einschränkungen und sind es gewohnt, dass stets alles da ist, was ihr Herz begehrt. Doch unerfüllte Wünsche und dem kindlichen Willen gesetzte Grenzen sind elementar wichtig für die Entwicklung des Kindes zum sozialen Wesen – das Kinder-Ich muss lernen, dass es nicht allein auf der Welt herrscht, dass andere Ichs existieren und ebenso berechtigte Interessen haben wie das eigene kindliche Ego. Wenn ein Kind über das sechste Lebensjahr hinaus seinen Willen und seine Wünsche als Maßstab beibehält und versäumt zu lernen, dass andere Menschen auch Bedürfnisse haben, ist eine krankhafte Störung der Psyche meist vorprogrammiert. Alle diese Kinder laufen höchste Gefahr, als Erwachsene zu Egozentrikern zu werden, weil niemand rechtzeitig ihre egozentrische Kinderwelt durch eine reale Sicht der Dinge ersetzt hat.

Ein erwachsener Egozentriker ist in seiner eigenen Welt gefangen, beurteilt und erlebt die Umgebung nur von seiner Sicht aus und ist unfähig, sich in andere hineinzuversetzen.

Zu diesen Egozentrikern aus Kindertagen gesellt sich allerdings noch eine riesige Heerschar an solchen hinzu, die im Laufe ihres Lebens zu der Ansicht gelangt sind, dass es am besten ist, ausschließlich und um jeden Preis nur um sich selbst zu kreiseln. Diese sekundären Egozentriker sind fast noch gefährlicher, denn sie tun, was sie tun, bewusst, absichtlich und mit aller Macht. Vermutlich entsteht diese sekundäre Egozentrik zunächst aus einer hochgradig egoistischen Haltung. Ein Egoist, der erfährt, dass er umso mehr erreicht, desto unverschämter er sich verhält, wird früher oder später jenem Allmachtsgefühl verfallen, das dem kleinkindlichen sehr ähnlich ist. Wer als Erwachsener erlebt, dass bei größter Rücksichtslosigkeit alle Mitmenschen zurückweichen und es niemand wagt, ihm Einhalt zu gebieten, der kann schnell innerlich umkippen und zum Egozentriker werden.

Da in unserer Gesellschaft Konfrontationen eher vermieden werden, offene Zurechtweisungen oder das klare Eintreten für Gerechtigkeit scheinbar ein rotes Tuch sind, haben Egozentriker meist freie Bahn, um fast uneingeschränkt ihren Willen durchzusetzen.

Wenn der Wille eines egoistischen Erwachsenen über eine lange Zeit hinweg weder Grenzen oder Einschränkungen erfährt, droht die Psyche in das kindliche egozentrische Stadium zurückzufallen.

Mit genau solchen Zeitgenossen haben wir es in der Regel zu tun, wenn jemand einfach »über Leichen geht«. Der sekundäre Egozentriker ist wesentlich gefährlicher und leider auch weiter verbreitet als jener, der aus der kindlichen Allmachtsvorstellung nie heraus kam. Durch den bewussten und erfolgreichen Einsatz rücksichtslos egoistischen Verhaltens wirkt das Allmachtsgefühl wie ein Rausch, das uneingeschränkte Nehmen wie eine psychische Droge. Deshalb sollten wir unser Augenmerk vor allem auf die sekundären Egozentriker richten, sind sie doch diejenigen, die unsere Gesellschaft zerstören.

Auffällig wurden diese Überzeugungstäter zu Beginn der 80er Jahre, als ein hedonistischer Lebensstil die politischen 70er ablöste. Junge, karrierebewusste und materialistisch eingestellte so genannte Yuppies frönten dem Konsum und einem erstaunlichen Mangel an Moral. Die Ellenbogengesellschaft begann sich ihren Weg in alle Bevölkerungsschichten zu bahnen. Das Raffen um jeden Preis verkam fast zum Volkssport, und Warner wurden als Schwächlinge diffamiert. Heute, zu Beginn des neuen Jahrtausends, hat sich der Egoismus der 80er zu einer massiven Wahrnehmungsstörung gemausert – denn wenn sich Moral, Anstand, Rücksicht und ein gesundes soziales Miteinander nicht nur nicht lohnen, sondern ständig zum eigenen Nachteil gereichen, dann höhlt steter Tropfen auch hier den Stein. Selbst die gesündeste Psyche hat irgendwann die Nase voll, immer an letzter Stelle in der Verteilungsschlange zu stehen, mit dem Ergebnis, dass das Ich die Umwelt einfach ausklammert, nicht mehr wahrnimmt.

Leider jedoch sind die Unterschiede zwischen den beiden Typen der Egozentrik schwer zu erkennen, manchmal sind diese Grenzen sicher auch fließend. Denn die »Umbesinnung« zum Egozentriker im Erwachsenenalter, also die *bewusste* Selbstzentrierung im Gegensatz zur *unbewussten*, könnte zumindest teilweise ihre Ursachen in verborgenen Fehlentwicklungen während der frühen Kindheit haben. Wichtig ist allerdings, dass derartige Störungen der Psyche gesellschaftlich nicht auch noch als normales Sozialverhalten anerkannt werden, sondern wieder das Bewusstsein dafür entsteht, dass es sich um Störungen handelt, die behandelt werden müssen. Und genau hier liegt das fatale Problem:

Die rasante Ausbreitung der im Erwachsenenalter erworbenen Egozentrik ist innerhalb unserer Gesellschaft entstanden und kann nur in ihr und von ihr bekämpft werden.

Die bewusste Zentrierung auf das eigene Ich durchläuft verschiedene Stufen. In fast jeder Stufe, außer im Endstadium, ist es möglich, einen sekundären Egozentriker zur Umkehr zu bewegen, allerdings nur, wenn er durch sein egozentrisches Verhalten Nachteile erfährt statt Vorteile. Und für diese pädagogisch notwendigen Nachteile können wir alle sorgen.

5. Ein fatales Missverständnis: Selbstverwirklichung versus Egozentrik

Warum lassen wir uns egozentrisches Verhalten gefallen? Eine gute Frage! Die Antwort darauf ist vielschichtig.

Egozentriker tarnen sich gut. Ihre Deckmäntel heißen Selbstverwirklichung und Durchsetzungsvermögen.

Wenn von brutalem, kaltem und rücksichtslosem Verhalten die Rede ist, dann ist das eine Beschreibung des Vorgehens. Doch Egozentriker sind äußerst selten so dumm, dass sie ihre Gemeinheit und Brutalität offen zeigen. Sie präsentieren sich uns von ihrer charmanten, freundlichen Seite, und wir fallen auf diese Oberfläche herein. Erst viel später bemerken wir, dass hinter dieser Fassade nicht Freundlichkeit wohnt, sondern lediglich eiskalte Berechnung.

Eine sehr zeitgemäße Form der Tarnung heißt Selbstverwirklichung. Entstanden in den 60er Jahren während der Flower-Power-Bewegung, bedeutete Selbstverwirklichung zunächst, sich nicht unüberlegt oder bedingungslos den gesellschaftlichen Normen anzupassen. Die Gesellschaft sollte toleranter, offener und dynamischer werden, damit neue Lebensformen ausgelotet und möglich werden konnten. Die Kreativität des Einzelnen sowie die individuelle Lebensplanung waren positive Ziele, die jeder für sich in Anspruch nehmen durfte und sollte. Je individueller und unterschiedlicher die einzelnen Mitglieder einer Gesellschaft wären, desto bunter und facettenreicher würde die Menschheit insgesamt sein. Was für den Einzelnen eine wohltuende Befreiung innerhalb seines persönlichen Lebens sei, würde am Ende auch der Gesellschaft nützen, sie reicher und vielfältiger machen. Das Individuum im Einklang mit der Gesellschaft, so die Vorstellung, trage bei zu einem toleranten Miteinander.

Die Bandbreite möglicher Neuorientierungen, Betätigungen oder Interessengemeinschaften wuchs rasant von der Pionierzeit bis heute. Doch hat sich aus dem idealistischen Ziel, dass jeder das ausleben sollte, was wirklich in ihm steckte, inzwischen ein Markt mit beträchtlichem Umsatzvolumen entwickelt. Selbstverwirklichung ist, durch die konsumsüchtige Phase unserer Gesellschaft in den 80er Jahren, zu einem gigantischen Absatzmarkt mit unglaublichen Gewinnspannen mutiert. Sich selbst zu verwirklichen heißt heute: erfolgreicher zu sein als andere und möglichst schnell möglichst viel Geld zu machen. Bei der Beschäftigung mit dem eigenen Ich geht es irrwitzigerweise nicht mehr um eine inhaltliche Suche, sondern schlicht um Durchsetzungsvermögen. Eine wahre Schwemme von Ratgebern, Videos und teuren Seminaren konkurriert auf dem Parkett der Eitelkeiten und verkauft die jeweils ultimative Strategie zum Durchsetzen eigener Interessen. Rücksicht auf andere gilt als Charakterschwäche, Zögern vor brutalem Verdrängungswettbewerb kostet ein Vermögen.

Selbstverwirklichung ist somit zu einem perfekten Etikett, zu einem Deckmantel für brutale Egozentrik verkommen. Der Ich-Kult ist dabei fast unbemerkt so salonfähig geworden, dass keine Einwände mehr zu hören sind, wenn ein egozentrischer Zeitgenosse sich kaltschnäuzig über andere hinwegsetzt und als arrogante Begründung verlauten lässt: »Das ist aber mein Ding« oder »Das brauchte ich jetzt«.

Die ungesunde Beweihräucherung des eigenen Ichs wird durch die Medien unterstützt und gefördert, weil sie Verkaufs- und Zuschauerzahlen verspricht. Menschen, die sich schamlos im Glanz ihres Ichs sonnen, werden bewundert und nicht für krank erklärt. Wer sich um jeden Preis durchsetzt, gilt als stark, dynamisch und intelligent. Unsere Gesellschaft hat es durch ihre raffgierige Grundeinstellung mit einem gleichzeitigen Verlust an Moral erreicht, dass psychisch kranken Menschen Tür und Tor offen stehen.

Nun ist Durchsetzungsvermögen grundsätzlich keine negative Eigenschaft. Menschen, die etwas wirklich gut können und die Fähigkeit besitzen, sich damit auch durchzusetzen, braucht eine Gesellschaft, um sich weiterzuentwickeln, zu verändern. Sich aber durchsetzen zu wollen, nur um des eigenen Vorteils willen, ist krankhaft.

Besitzt man beispielsweise die Fähigkeit, sich verbal gut ausdrücken zu können, und setzt man diese Fähigkeit ein, um einen Sachverhalt plausibel zu erklären und umzusetzen oder im Sinne einer Gemeinschaft bestimmte Interessen durchzusetzen, die am Ende allen nützen, dann ist Durchsetzungsvermögen gesund und positiv. Durchsetzungsvermögen sollte Mittel zum Zweck und nicht Selbstzweck sein – doch genau dazu wurde es gemacht, und zwar von den Egozentrikern unter uns.

Und weil es so viele Egozentriker gibt, die sich mit aller Macht durchsetzen, glauben wir zunächst, es mit besonders begabten Personen zu tun zu haben; ein fataler Irrtum, der uns häufig viel mehr kostet als nur eine Menge Geld!

Egozentriker tun so, als seien sie besonders begabte Menschen.

Es darf nicht länger geduldet werden, dass der Ego-Trip als erstrebenswertes Ziel gilt. Es kann auch nicht länger hingenommen werden, dass Psychoseminare, Bücher und andere Medien uns vormachen, durch sie würden wir endlich lernen, wer wir sind, uns aber in Wirklichkeit dazu anstiften, möglichst »gute« Egozentriker zu werden und unsere Mitmenschen auszubeuten, also noch effektiver die eigenen Interessen durchzusetzen. Um wieder einen ungetrübten Blick auf gesundes menschliches Verhalten zu bekommen, ist das eigene, nicht manipulierte Bewusstsein der einzige, aber starke Verbündete. Nur wenn wir verstehen lernen, was da in unserer Gesellschaft vor sich geht, können wir auch etwas tun, um zu unseren gesunden Ur-Instinkten zurückzukehren, und die Egozentriker dahin verbannen, wo sie hingehören: ins Abseits.

6. Mutierter Ur-Instinkt: Egozentrik vernichtet den angeborenen Gemeinschaftssinn

Auch die Verhaltensforschung kann erklären helfen, welchen Sinn egoistisches Verhalten ursprünglich für die soziale Gruppe hatte und welche Zerstörungskraft im Gegensatz zum Egoismus in der Egozentrik liegt.

Trotz aller modernen Fortschritte reagieren wir Menschen immer noch entsprechend unseren angeborenen Instinkten. Wir verhalten uns nicht viel anders als unsere Vorfahren in der Steinzeit. An unseren Ur-Instinkten hat sich nichts geändert, auch wenn wir nicht mehr auf die Jagd gehen, wenn wir Hunger haben, sondern in den Supermarkt.

Seit den Forschungen von Irenäus Eibl-Eibesfeldt wissen wir, dass der Mensch weniger angeborene Instinkte besitzt als andere Lebewesen. Diese schmalere Ausstattung mit Instinkten bedeutet jedoch keinen Nachteil für uns, im Gegenteil, sie bildet die Basis für den hohen Grad an menschlicher Flexibilität, ist also die Voraussetzung für unsere extreme Anpassungsfähigkeit an veränderte Lebensumstände. Unsere angeborenen Ur-Instinkte haben sich jedoch durch die gesamte Menschheitsgeschichte erhalten, denn sie sind unverzichtbar für das Fortbestehen unserer Art.

Dieses angeborene Instinktprogramm folgt einer Hierarchie, an deren Spitze die Sicherung des Überlebens der Gruppe oder Sippe steht, gefolgt von der Sicherung des eigenen Überlebens. Gerät ein Individuum in eine Notsituation, in welcher es unausweichlich die Entscheidung zwischen dem Überleben seiner eigenen Person oder dem Überleben der Gruppe treffen muss, wird per Instinkt das Verhalten geregelt – zugunsten der Gruppe. Die Arterhaltung ist der angeborene Ur-Instinkt Nr. 1, der in Notlagen jeden anderen Instinkt automatisch zurückdrängt.

Das instinktgerechte Verhalten wirkt unbewusst, gesteuert vom Stammhirn, damit keine Zeit durch Nachdenken verloren geht oder etwa eine falsche Entscheidung getroffen werden kann. Die Natur ist auf Vernunft und Sicherheit bedacht. In Notsituationen verhalten wir uns deshalb meist instinktiv richtig, auch wenn wir im Nachhinein verwundert sind, wie wir eine bestimmte Situation überhaupt so zielsicher meistern konnten.

Egozentrisches Verhalten gefährdet dieses angeborene Instinktprogramm, das wir zum Überleben so dringend brauchen. Ein egozentrischer Mensch handelt niemals zugunsten der Gruppe, Sippe oder Art. Ein Egozentriker handelt immer und ausschließlich nur für sich. Solange dabei seine Ur-Instinkte intakt sind, findet er relativ leicht auf den Pfad der Menschlichkeit zurück, wenn er einer Situation ausgesetzt ist, in der sie aktiviert werden. Viel zu häufig jedoch gedeiht die Egozentrik zunächst im Verborgenen, nistet sich tief in der Seele ein und zerstört so das menschliche Basisprogramm. Im Endstadium würde ein Egozentriker noch nicht einmal unbewusst ein Kind von der Straße reißen, um es vor einem Auto zu retten. Jeder normale Mensch, dessen Ur-Instinkte intakt sind, würde in dieser Situation sofort einschreiten – ohne nachzudenken. Dem Egozentriker im Endstadium wäre das Risiko, seine saubere Kleidung in Gefahr zu bringen, zu hoch. Vermutlich würde er noch nicht einmal die Gefahr, in der sich das Kind befindet, zur Kenntnis nehmen. Er würde lediglich vom Straßenrand eilen, um nicht von dem bevorstehenden Unfall beschmutzt zu werden. Selbst wenn sich dieses Beispiel zynisch anhören mag, macht es doch die Tragweite deutlich, die Egozentrik haben kann.

Auch bei Tieren wurden vergleichbare Verhaltensstörungen beobachtet. Ein Tier, welches Artgenossen erlegt oder im Stich lässt, wird sofort, instinktiv und automatisch, zum Ausgestoßenen. Im Tierreich werden fehlerhafte Instinkte nicht geduldet, es gibt keine Toleranzgrenze, wenn es um die Arterhaltung geht.

Die Isolation krankhaft gestörter Tiere dient der Erhaltung der Art und ist, entsprechend ihrer Wichtigkeit, auch oftmals selbst ein angeborener Instinkt. Die Ächtung durch die Herde oder das Rudels stellt sicher, dass ein gestörtes Tier sich nicht vermehrt, wodurch jede krankhafte und lebensfeindliche Mutation von vornherein ausgemerzt wird.

Der zivilisierte Mensch hingegen lässt schwerwiegende Verhaltensstörungen wie die Egozentrik fast teilnahmslos zu. Warum? Die einfache, wenn auch fatale, Antwort ist: Das Gegenprogramm, nämlich die Ächtung, das Ausstoßen aus der

Gruppe, ist bei uns Menschen kein angeborener Instinkt. Abweichungen vom menschlichen Basisprogramm werden nicht *instinktiv* geächtet. Um die höchste Anpassungsfähigkeit, das unbedingte Überleben der Art, zu gewährleisten, muss ein großes Spektrum an Abweichungen zugelassen werden. Um unter schwierigsten und unvorhersehbaren Umständen als Art überleben zu können, muss sich die menschliche Spezies so viele Varianten wie möglich leisten, damit es zumindest eine von ihnen schaffen kann, veränderte Bedingungen zu überleben. Selbst in der Steinzeit, als das Gruppenleben überlebenswichtig war, »leistete« sich die Sippe auch Sonderlinge, solange diese der Gruppe nicht schadeten. Denn es hätte ja passieren können, dass gerade diese Sonderlinge sich unter extremen Bedingungen als besonders widerstandsfähig erwiesen. Toleranz also und nicht Ächtung zum Nutzen und zum Erhalt der Art.

Ein identisches Problem haben wir Menschen der Moderne bei der Ausschüttung von Adrenalin, das ebenfalls von Natur aus kein Gegenmittel hat. Dieses Hormon löst in erster Linie instinktive, also reflexartige lebenserhaltende Flucht- oder Kampfreaktionen aus, die unter keinen Umständen unterbrochen, gebremst oder gestört werden sollten. Beim Adrenalinausstoß geht es ursprünglich um den zweiten Primärinstinkt: die Lebenserhaltung des Individuums! Auch hier ist kein angeborenes Gegenprogramm, kein neutralisierendes Gegenhormon vorgesehen. Die Lebenserhaltung soll unter allen Umständen gewährleistet sein.

Adrenalin, der hormonelle Garant für eine schnelle Reaktion bei drohender Gefahr, ist in der modernen Leistungsgesellschaft Ursache für viele unserer Beschwerden, die wir als Stress zusammenfassen. Weil wir unserem unverschämten Kollegen eben keinen Boxhieb verpassen oder vor unserem schreienden Chef nicht weglaufen, staut sich der Adrenalinschub im Körper. Nur körperliche Aktivität kann Adrenalin abbauen. Es gibt keine andere Möglichkeit, als diesem instinktiven Antrieb nachzugeben. Treiben wir keinen Sport, bleibt die unbewusste Botschaft des Adrenalins in uns stecken: flüchte oder kämpfe. Je nach Typ oder Situation werden wir dann ängstlich bis neurotisch oder aggressiv.

Von Natur aus ist es durchaus sinnvoll, dass es kein Gegenprogramm zur Art- oder Individuenerhaltung gibt – wer konnte denn schon ahnen, dass wir Menschen eines Tages so unnatürlich leben würden, dass uns die eigenen Ur-Instinkte im Wege stehen?

7. Warum sich kaum jemand wehrt: *Survival of the Fittest*

Nur der Stärkste setzt sich durch und überlebt. Das oft zitierte Motto »Survival of the Fittest«, das uns moderne Menschen zur Leistung und zum Einsatz unserer Ellenbogen auffordert, wird gern aus der Natur abgeleitet. Das ist sogar richtig! Bloß darf man dabei nicht den Fehler begehen und eine Komponente isoliert herauspicken, sondern sollte schon das gesamte System instinkthaften Verhaltens zur Kenntnis nehmen. In der Natur setzt sich zwar in der Tat der Stärkste durch, aber nicht ohne Folgen. Das stärkste Tier in einer Gruppe übernimmt die Führung und damit nicht nur Rechte, sondern auch Pflichten. Seine exponierte Stellung hat nämlich einen Preis: Der Stärkste steht immer an vorderster Stelle im Kampf gegen die Feinde und im Kampf um Nahrung. Das Leittier muss also jederzeit bereit sein, seine Stärke und sein Leben zum Schutz der Gruppe einzusetzen. Vor diesem Hintergrund ist Stärke von Natur aus stets mit größter sozialer Verantwortung verknüpft. Dieser natürliche Zusammenhang von Stärke und Dienst an der Gruppe ging in der modernen menschlichen Gesellschaft verloren.

Das Motto der Natur lautet nicht: Der Sieger bekommt alles, sondern: Der Sieger dient allen.

Die Entstehung der Massengesellschaft hatte eine zunehmende Auflösung von Familien-, Sippen- oder Gruppenstrukturen zur Folge. Anonymität, Vereinzelung und Entwurzelung sind das Ergebnis von instabilen, unverbindlichen und nur temporär existierenden Gruppen. Diese Situation bedeutet eine permanente Verunsicherung auf der Instinktebene: Niemand weiß mehr, zu welcher Gruppe er gehört, und niemand fühlt sich für seine Mitmenschen verantwortlich.

Aufgrund dieser instabilen Gruppenzugehörigkeiten konnte sich die Volksseuche der Egozentrik ungehindert ausbreiten. In der Natur gilt der Zusammenhalt einer Gruppe für die einzelnen Mitglieder lebenslang, außer ein starkes Tier gründet einen eigenen neuen Lebensverband. Es gibt daher weder Zweifel an der Zugehörigkeit noch an der lebensnotwendigen Solidarität und gegenseitigen Hilfe.

Die meisten modernen Menschen jedoch sind hinsichtlich ihrer Gruppenzugehörigkeit tief greifend verunsichert. Enge Freunde können plötzlich umziehen, Ehepartner lassen sich scheiden, alte Schulkameraden werden schnell aus den Augen verloren, Nachbarn kennen sich überhaupt nicht mehr. Mit welcher Sippe oder Gruppe soll sich ein moderner Mensch identifizieren, wenn Zuverlässigkeit und Beständigkeit nirgends mehr zu finden sind? Dieses Unsicherheitsgefühl und das daraus resultierende starke Gruppenbedürfnis können sich Egozentriker bestens zu Nutze machen. Sie gaukeln Zusammengehörigkeit vor, um so Hilfsleistungen und Unterstützung von Freunden – in der Sprache der Instinkte: von den Sippenmitgliedern – zu erlangen.

Egozentriker machen sich zu Nutze, dass der moderne Mensch Probleme mit seinen Ur-Instinkten hat, die in der heutigen Gesellschaftsstruktur Konflikte aufwerfen. Da die lebenslange Sippe, auf die man sich hundertprozentig verlassen konnte, fehlt und das Ausstoßen von gestörten Artgenossen im schmalen Instinktprogramm des Menschen nicht verankert ist, müssen wir einen längeren Bewusstseinsprozess durchmachen, um gestörte Individuen als solche zu entlarven. Vor diesem Hintergrund erscheint es mehr als nützlich, den Lernprozess aufzunehmen, um egozentrisches Verhalten zu erkennen, denn nur dann können wir rechtzeitig reagieren und unsere Gesellschaft vor der Zerstörung der Mitmenschlichkeit schützen.

8. Das stereotype egozentrische Verhaltensmuster

Eines Abends geht ein Mann noch ein bisschen spazieren. Da steht plötzlich ein Straßenräuber vor ihm und zielt mit einer Pistole direkt auf seinen Kopf: »Portemonnaie her, sonst schieße ich!« Der Spaziergänger hebt erschrocken die Hände und stammelt: »Oh! Es tut mir leid, aber ich habe mein Portemonnaie zu Hause gelassen, ich wollte nur spazieren gehen … Sie können nachsehen, ich habe wirklich kein Geld dabei!« Verärgert verzieht der Straßenräuber das Gesicht und denkt nach: »Gut, dann geben Sie mir Ihre Zigaretten!« sagt er unwirsch und fuchtelt mit der Pistole herum. Dem Spaziergänger wird immer mulmiger: »Es tut mir wirklich aufrichtig leid, aber ich bin Nichtraucher!« Der Straßenräuber zögert einen kurzen Moment, denkt wieder nach und sagt schließlich: »Gut, dann tragen Sie mich ein Stück!«

Dieser Witz ist eine treffende Kurzbeschreibung egozentrischen Verhaltens: Ausplündern und Ausbeuten durch Erpressung. Jeder Mitmensch hat etwas, das ein Egozentriker gut gebrauchen kann.

Allerdings werden die wenigsten Egozentriker diesen direkten Weg wählen, sie bewegen sich lieber innerhalb unserer Gesellschaft und benutzen die allgemeine Moral als Waffe zur Erpressung. Man kann fast jeden egozentrischen Schachzug zur Bereicherung oder Steigerung des eigenen Wohlbefindens und auf Kosten anderer auf das Schema des Spaziergängers, der dem Straßenräuber begegnet, reduzieren. Auch wenn jemand nichts von alledem besitzt, was ein Egozentriker brauchen kann, gibt es sicher noch mindestens einen Hilfsdienst, den der krankhaft Ichsüchtige in Anspruch nehmen kann.

Obwohl das Vorgehen in der Grundstruktur simpel ist – »Was hat der andere, was ich brauchen kann, und wie komme ich da heran?« –, ist es nicht immer so leicht zu durchschauen. Die »Pistole« aus dem Witz ist die Verbildlichung des Erpressungswerkzeugs. Egozentriker bevorzugen allerdings in der Regel die moralischen Werte jener gesunden Mitmenschen als Waffen, deren Instinkte normal ausgeprägt sind, indem sie diese Normen gegen sie richten.

Ein Egozentriker erpresst andere mit ihrer eigenen Moral!

Mit welchen Werkzeugen der Erpressung Egozentriker überwiegend arbeiten, wird in diesem Kapitel ausführlich dargelegt, um das Bewusstsein für diese moralischen Vandalen unter uns zu schärfen.

- Das Erkennen von egozentrischem Verhalten ermöglicht uns, schneller und effektiver zu reagieren und uns vor Ausbeutung zu schützen. Es geht darum, dem Spaziergänger (einem netten, normalen Menschen) bestimmte »Karatetechniken« zu vermitteln (Bewusstseinsbildung), damit er im Anschluss den nächsten Straßenräuber (Egozentriker) entwaffnen kann (Schutz vor und Abwehr von Egozentrik).

Egozentriker haben keine moralischen oder sozialen Instinkte.

Da der einzige Lebensinhalt des Egozentrikers sein stets zu verbesserndes Wohlergehen ist, gilt es zunächst zu begreifen, dass nur und ausschließlich Raffgier ihn antreibt, und zwar bei allem, was er tut. Erst wenn man erkannt hat, dass moralische oder soziale Werte keine Bedeutung für Egozentriker haben, wird deutlich, dass Moralappelle oder Aussprachen verlorene Liebesmüh und absolut fruchtlos sind. Wir sollten uns deshalb einprägen:

- Egozentriker besitzen weder ein natürliches Rechtsempfinden noch haben sie je ein Gefühl dafür entwickelt, was soziale Werte, Menschlichkeit oder Legalität sind. Sie haben lediglich theoretische *Kenntnisse* über diese Werte, um sie a) gegen andere einzusetzen und um b) selbst nicht erwischt zu werden. Der Rahmen der Legalität wird dabei nämlich oft arg strapaziert, jedoch weiß jeder Egozentriker, wie weit er gehen kann oder will oder, anders ausgedrückt, wie weit es sich für ihn zu gehen *lohnt*.

Bevor nun die egozentrischen Methoden der Ausbeutung näher beleuchtet werden, ist allerdings ein kurzer Blick auf das Motiv der egozentrischen Raffgier unabdingbar. Erst dann wird das Ausmaß der Verwüstung, die sie hinterlassen, deutlich.

9. Was will ein Egozentriker eigentlich?

Die einfache Antwort lautet: alles. Der Ichzentrierte will das Beste, Schönste und Größte, was die Menschheit zu bieten hat. Dabei geht es nicht um persönliche Ziele, auch nicht um erbrachte Leistungen oder gar echte Selbstverwirklichung. Einem Egozentriker ist es egal, wie er an all die Annehmlichkeiten des Lebens kommt, Hauptsache, es geht schnell und ist möglichst wenig anstrengend.

Den Wunsch, ein angenehmes Leben zu führen, hat vermutlich jeder Mensch. Doch gesunde Menschen wissen, dass man für Annehmlichkeiten arbeiten, sprich: Leistungen erbringen muss und auch ein wenig Glück braucht. Hinzu kommt, dass die meisten gesunden Menschen zwar einige materielle, jedoch in der Regel ebenso viele ideelle Ziele haben, die sie in ihrem Leben verwirklichen möchten: eine glückliche Partnerschaft etwa, vielleicht mit Kindern, viele verbindliche Freundschaften, Wohlstand und Frieden für alle. Zufriedenheit bedeutet in diesem Zusammenhang eben auch, dass nicht nur der Einzelne, sondern auch seine Umgebung zufrieden, gesund und glücklich sein sollte.

Genau hier liegt der große Unterschied zum egozentrischen Menschen: Zufriedenheit und Glück haben für ihn nichts mit anderen Menschen zu tun. Es interessiert ihn nicht, wie andere sich fühlen, er wird es noch nicht einmal bemerken. Andere Menschen kommen in seinem Weltbild nicht vor. Es dreht sich alles nur und ausschließlich um die Befriedigung seiner eigenen Bedürfnisse, mit dem Ziel, durch sie den höchstmöglichen Grad an Zufriedenheit für sich selbst zu erreichen. Das Paradoxe an diesem gierigen Tanz um das eigene Ego ist allerdings:

Bei dieser völligen Ichzentriertheit ist Zufriedenheit nahezu ausgeschlossen.

Gerechterweise, so könnte man meinen, werden die schlimmsten Nassauer, Intriganten, Erbschleicher und Verräter der Menschlichkeit trotz der angehäuften Annehmlichkeiten nie wirklich zufrieden sein. Ein kurzer Moment des Triumphes ist alles, was Egozentriker beim Ergattern neuer Trophäen empfinden, und schon geht die Jagd weiter. Die Suche nach Zufriedenheit ist der Motor und sollte das erlösende Ziel sein, doch genau das wird nie erreicht, höchstens für einen winzigen Augenblick, der sogleich wieder entschwindet.

Leider jedoch hinterlässt ein Egozentriker auf seiner rastlosen Jagd viel verbrannte Erde: Nicht nur, dass er selbst nicht glücklich werden kann, er hindert andere daran, es zu werden.

10. Wenn genug nie genug ist: Die unendliche Raffgier

Auf den ersten Blick scheinen Egozentriker schlicht und ergreifend dem totalen Konsum verfallen zu sein. Doch das täuscht. Egozentriker versuchen, möglichst nichts vom eigenen Geld zu kaufen – da sind sie sehr eisern –, sondern die begehrten Waren anderen Menschen, so genannten Freunden und Bekannten, aus der Tasche zu leiern. Alles, was ein Egozentriker noch nicht hat, ist begehrenswert für ihn, und da die Welt voll ist mit Dingen und ein Einzelner nicht alles auf einmal besitzen kann, hört die Hatz nach weiterem Besitz und Annehmlichkeiten niemals auf.

- Es geht nicht darum, was ein einzelner Mensch benötigt oder sich ganz einfach wünscht. Ein Egozentriker kann alles gebrauchen, solange er es noch nicht hat. Alles, was ein Egozentriker sieht und was ihm noch nicht gehört, ist begehrenswert. Die Raffgier ist willkürlich und hat nichts mit Sammelleidenschaft oder speziellen Interessen zu tun. Die Welt ist für ihn ein großer Spielzeugladen.
- Der Maßstab für die Habgier des Egozentrikers ist erstaunlicherweise immer die unmittelbare Umgebung. Das, was Kollegen, Freunde oder Nachbarn haben, ist das Ziel. Hat er es erreicht, hat er sich also alle begehrenswerten Dinge und

Hilfsdienste angeeignet, wird er schnell das Umfeld wechseln. Diese Weide ist dann sozusagen abgegrast.

Fremde, die ein Egozentriker über Bekannte kennen lernt und die es besser haben als die gegenwärtigen »Freunde«, werden umgarnt und umschmeichelt. Eine neue, noch nicht betretene Weide tut sich auf! Dabei ist ein Egozentriker stets bestrebt, sich Schritt für Schritt zu immer saftigeren Weiden vorzuarbeiten, sprich: in immer wohlhabendere Gesellschaftsschichten einzuschleichen. Er ist nie mit dem Umfeld zufrieden, in dem er gerade lebt.

Die jeweils nächste Wohlstandsstufe muss ein Egozentriker allerdings erst einmal live erleben, spüren und riechen. Solange ein Egozentriker die Besitzer nicht persönlich kennt, ist die in der Vorabend-Celebrity-Show des Fernsehens gezeigte Yacht nicht erstrebenswert. Erst, wenn der reale Kontakt zu neuen Waren und Hilfsdiensten erschlossen ist, beginnt die Raffgier wieder unersättlich zu werden. Egozentriker müssen mit allen Sinnen ihre künftigen Beutegründe erleben. Dann wird genommen, was abzustauben ist.

Es ist erstaunlich, wie überaus freundlich, liebenswürdig, charmant und scheinbar verbindlich Egozentriker sein können, wenn sie neuen, besser gestellten Menschen begegnen. Das sieht zunächst nach gewaltigem »Einschleimen« aus, was es aber nur in zweiter Linie ist. An allererster Stelle verleiht die Aussicht auf die bevorstehende Ausbeute dem Egozentriker eine Art Hochgefühl. Er freut sich schlicht über seine künftigen Annehmlichkeiten, so wie Kinder sich zu Weihnachten über ihre verpackten Geschenke unter dem Baum freuen. Hat er sie dann schließlich erbeutet, macht sich eine depressive Unzufriedenheit, gepaart mit nervöser Unruhe, breit.

Doch warum brauchen diese Menschen immer mehr und sind nie zufrieden?

11. Woran mangelt es eigentlich?

Halten wir also fest, dass das unerreichte Ziel der inneren Zufriedenheit am Eigentum und Lebensstil anderer festgemacht wird. Negativ ausgedrückt wird der Egozentriker also vom Neid getrieben.

Neidischen Menschen mangelt es materiell gesehen in den meisten Fällen nie wirklich an etwas. Sie haben mehr als die meisten Menschen in ihrer Umgebung. Im Gegensatz zum Neider, der sich meist aufs Lästern und Jammern beschränkt, rumort im Egozentriker dieses unbezwingbare Gefühl von Gier, alles an sich raffen zu müssen, was anderen gehört. Die in beiden Fällen irrige Vorstellung, gegenüber anderen benachteiligt zu sein, und die Vorstellung, dass es einem besser ginge, wenn man nur hätte, was der andere hat, sind jedoch hausgemacht von einer Gesellschaft, die uns vormachen will, es käme im Leben nur darauf an, möglichst schnell möglichst reich zu werden.

Beim Egozentriker kommt jedoch noch erschwerend hinzu, dass er sich für den wichtigsten Menschen auf der Welt hält und deshalb, aus seiner Perspektive gesprochen, zu Recht annimmt, alles, was er sieht, stehe ihm auch zu. Das »Ich will« hat fast magische Qualität. Das Begehren einer Sache, einer Position oder eines Besitztums ist Begründung genug, sich diese Dinge anzueignen. »Ist es nicht toll von mir, dass ich das da mag?« ist die naive Quintessenz der egozentrischen Willenskraft.

Der eigentliche Mangel, der jeden Egozentriker weiter und weiter treibt, ist die totale Beziehungslosigkeit. Egozentriker haben keine menschlichen Gefühlsbindungen. Geborgenheit, Liebe, Vertrauen, Verständnis, Mitgefühl sind Zustände, die ein Egozentriker nie erleben wird, weil er sich nicht mit anderen Menschen auf einer Stufe befindet – er kreist in seinem eigenen kleinen Universum, das eben nur einen Bewohner hat: ihn selbst.

Das egozentrische Begehren ist ein Spiel ohne Ende, ohne Sieg. Die buddhistische Maya hat den Egozentriker mit Haut und Haaren im Griff. Wie ein verwöhntes, aber einsames Kind versucht ein Egozentriker durch Konsum all das wett zu machen, wozu er nicht fähig ist.

Genau jene Menschen, die ein Egozentriker am meisten ausbeutet, am tiefsten verletzt und am brutalsten behandelt, nämlich seine engsten »Freunde«, seine Familie und seinen Partner, wären im Grunde der heilende Balsam für die rastlose, grenzenlos gierige Psyche. Die Menschen, die einem am nächsten stehen, sind bekanntlich diejenigen, die einem innere Ruhe, Geborgenheit, Selbstbewusstsein und Zufriedenheit geben können. Da der Egozentriker aber niemals erleben wird, dass man durch Geben reichlich zurückbekommt, wird er immer einsam bleiben in seinem Universum der Gier.

Das mag an dieser Stelle fast Mitleid erregend klingen. Ist es auch – aus der Entfernung! Aber wenn ein Egozentriker dann ohne Rücksicht erst die eigene Familie, dann die besten Freunde und schließlich immer mehr freundliche Mitmenschen ausgebeutet und ruiniert hat, verschwindet das Mitleid schnell hinter der Wut.

Wut aber ist nur der Anfang. Erst durch sinnvolles Handeln kann Egozentrik gestoppt werden. Mitleid und Wut können keinen Egozentriker dazu bringen, sich zu wandeln, er wird es nur als willkommene Gelegenheit sehen, noch mehr zu nehmen. Freundlichkeit, Liebe und Freizügigkeit gebieten der Egosucht ebenso wenig Einhalt, wie eine liebevoll gereichte Flasche Schnaps einen Alkoholiker vom Trinken abhält. Erst wenn ein Egozentriker merkt, dass er überall auf Granit beißt und von jeder sozialen Gemeinschaft ausgegrenzt wird, gibt es eine Chance, dass er irgendwann feststellt, dass mit *ihm* etwas nicht in Ordnung ist! Auch ein Alkoholiker muss erst einen individuellen Grad der Ablehnung erleben, um sein Trinkverhalten als Problem erkennen zu können. Egozentrik ist eine Sucht, die, wie alle Süchte, nur durch die persönliche Erkenntnis, durch das eigene Bewusstsein, bekämpft werden kann. Gutes Zureden, Appelle oder gar Freundschaftsdienste helfen nicht. Nur das harte Ausgrenzen kann dem suchthaften Egomanen einen heilsamen Erkenntnisschock versetzen.

Ein in unserer Gesellschaft verbreitetes Denkmuster ist die Konzentration auf den Täter als bemitleidenswerte Kreatur. Das ist im Prinzip nicht verkehrt, der Opferschutz sollte jedoch nicht darunter leiden. Häufig genug führt diese Einstellung nämlich zu dem fatalen Irrglauben, dass man den Täter (den Egozentriker) nur richtig verstehen müsse, dann höre er schon auf, seine Verbrechen zu begehen.

Niemand wird aufhören, andere auszubeuten, nur weil die Opfer ihn verstehen! So wie niemand aufhört zu töten, nur weil man weiß, warum derjenige es tut.

Wir kommen um den Schritt der aktiven Verhaltensänderung gegenüber den vielen Egozentrikern unter uns nicht herum! Auch wenn es unbequem ist und uns viel Mut abverlangt. Wenn wir unseren Kindern nicht eine Welt voller Tyrannen überlassen wollen, hilft alles nichts, wir müssen reagieren.

Das Verhaltensmuster des Egozentrikers erkennen zu können, ist dabei nur der grundlegende erste Schritt, um sich als Opfer dann auch wehren und schützen zu können. Verständnis dem Ichkranken gegenüber hilft erst, wenn er isoliert von der Umwelt niemandem mehr schaden kann, so wie der Mörder erst einmal hinter Gitter gehört, bevor er behandelt werden kann.

Doch der Weg dorthin ist weit. Zur Zeit wüten diese Egomanen in Scharen durch unsere Gesellschaft und zerstören das gesunde Miteinander. Abwehrmaßnahmen gegen sie greifen umso besser, desto eher egozentrisches Verhalten erkannt wird. Dieser Bewusstseinsprozess ist der Kern des Opferschutzes.

12. Der Mitmensch als Supermarkt: Was hast du mir zu bieten?

Egozentriker gehen meistens äußerst freundlich, offen und liebenswürdig auf die Menschen zu, die sie gerade kennen lernen. Das ist schade! Denn gerade die wirklich kontaktfreudigen und offenen Menschen, die sowieso eher selten sind, geraten dadurch leicht in Verruf. Trotzdem ist es nicht so schwer, einen Egozentriker bereits während der ersten Begegnung zu erkennen. Drei Merkmale der Gesprächsinhalte stechen überdeutlich hervor:

- *Überzogene Selbstdarstellung*. Innerhalb kürzester Zeit wird ein Egozentriker das eigene Leben in den glühendsten Farben vorgetragen haben. Auch wenn es sich im Grunde um einen ganz normalen Lebenslauf handelt, wird alles so dargestellt, als sei es an Besonderheiten nicht mehr zu überbieten. *Die Diskrepanz zwischen Fakten und Darstellungsweise gibt meistens den ersten Hinweis auf eine möglicherweise vorhandene Egozentrik!*
- Der Egozentriker wird schnell, ohne viele Umschweife, seine aktuellen Bedürfnisse zum Besten geben und sich vor allem lauthals über die Ungerechtigkeit beklagen, dass ihm nicht alles, was er begehrt, frei Haus geliefert wird.
- Fast übergangslos wird dieser Vortrag mit *Erkundigungen* gekoppelt sein. Der neue Bekannte wird genauestens über Herkunft, Status und Vermögen befragt. Häufig wirkt dies wie echtes Interesse an der anderen Person. Doch wenn sich die Fragen ausschließlich um Besitz und gesellschaftlichen Einfluss drehen, ist Vorsicht angesagt. Als ein guter Test hat sich erwiesen, das Gespräch ausschließlich auf ideelle Werte zu lenken. Davon versteht ein Egozentriker nicht nur rein gar nichts, sie langweilen ihn zu Tode.

Fazit: Anhand dieser drei Verhaltensweisen – übertriebene Selbstdarstellung, Präsentation der akuten eigenen Bedürfnisse sowie Ausloten des potenziellen Nutzeffekts des Gegenübers – kann man einen Egozentriker schnell erkennen.

Viele besonders plumpe Ichsüchtige können so schon im Anfangsstadium – bildlich gesprochen: beim ersten Ausfahren der Saugnäpfe – entlarvt werden. Doch Egozentriker sind geschickt und flexibel, stets bereit, blitzschnell dazuzulernen, sobald eine Methode des Ausbeutens nicht mehr zieht. Sie sind Meister der Tarnung, jedenfalls vordergründig.

Da Egozentriker ihre Mitmenschen als eine Art Supermarkt betrachten, wird sich all ihre Energie und ihr Geschick darauf richten, sich aus diesem Selbstbedienungsladen nehmen zu können, was sie begehren, und zwar ohne an der Kasse zu bezahlen. Jedes scheinbare Interesse ist geprägt und durchtränkt von den Fragen: Was hast du mir zu bieten? Was kann ich von dir brauchen? Wie komme ich schnell und mit wenig Aufwand daran?

Der Kuhhandel als einzige zwischenmenschliche Verhaltensweise

Da nicht alle Mitmenschen bereit sind, einem Egozentriker das von ihm Begehrte so einfach zu überlassen, inszenieren Ich-Zentrierte viele Arten von Kuhhandel. Das antiquierte Tauschgeschäft ist die einzige Verhaltensweise, die eine Art Gegenseitigkeit im Repertoire der Egozentriker aufweist. Doch selbst dieser Tauschhandel ist nie sauber. Denn was ein Egozentriker freiwillig hergibt, hat in der Regel keinen allzu großen Wert. Dazu kommt, dass er meistens nach einer Weile zurückverlangt, was er hergegeben hat. Die meisten Egozentriker täuschen den Kuhhandel allerdings auch nur vor: Sie versprechen etwas, das sie dann sowieso nicht halten.

Der arbeitslose Bernd ist bekümmert; er hat schon wieder eine Absage auf ein Bewerbungsschreiben hin erhalten. Dabei würde er so gerne in seinem Beruf als Kfz-Mechaniker arbeiten. Vor ein paar Tagen hat Bernd in einer Kneipe Sigmund kennen gelernt, ein mächtig beeindruckender Typ, mit großer Ausstrahlung – genau das, was Bernd momentan nicht gerade besitzt. Während Bernd noch ziemlich frustriert seine Absage in Händen hält, klingelt das Telefon.

»Hallo, mein Freund. Hier ist Sigi! Ich habe dir doch erzählt, dass mein bester Freund Dieter eine Autowerkstatt hat. Nächste Woche treffe ich ihn, der kann dir bestimmt einen Job geben!«

Bernd ist überwältigt. Das wäre die Rettung für ihn. Wie nett dieser Sigi doch ist!

»Ach, übrigens, mein Auto läuft nicht so richtig. Kannst du das reparieren?« Ohne nachzudenken sagt Bernd sofort seine Hilfe zu, die Aussicht auf einen Job macht ihn blind. Denn sonst wäre ihm sofort aufgefallen, dass da etwas nicht stimmen kann. Wenn Sigi einen Freund mit Autowerkstatt hat, wieso fragt er dann Bernd nach der nötigen Reparatur?

Bernd nimmt sich für die aufwendige Reparatur viel Zeit. Am Ende ist er sehr zufrieden mit seiner Arbeit und findet diesen Kuhhandel auch irgendwie fair: Er repariert Sigis Auto, und dafür bekommt er einen Job. Das ist doch normal!

Nach zwei Wochen trifft Bernd seinen neuen »Freund« in der Kneipe wieder und fragt ungeduldig nach, ob Sigi seinen Autowerkstatt-Freund denn schon getroffen habe. Sigi tut sehr verärgert: »Dieses Schwein! Ich habe ihn gefragt, ob er mein Auto günstig in Ordnung bringt, aber er wollte mir partout keinen guten Preis machen. Stell dir vor, als Freund! Den Typ will ich nicht mehr sehen, wie kann man von einem Freund überhaupt Geld verlangen. Du dagegen, du bist ein echter Freund! Du hast mir ja dann zum Glück mein Auto repariert.« Bernd fühlt sich wie vor den Kopf geschlagen: »Aber du sagtest doch, ich könnte da einen Job kriegen!«

»Ach, vergiss es!« sagt Sigi daraufhin genervt. »Da würde es dir sowieso nicht gefallen. Willst du für jemanden arbeiten, der mich so behandelt hat? Guck doch mal in die Zeitung, da gibt es viel bessere Angebote. Du, ich muss jetzt los, ich habe eine Verabredung.«

Das ist Egozentrik pur! Der Kuhhandel wird nur vorgetäuscht – eine typische Masche. Denn Egozentriker haben gelernt, dass andere Menschen sehr viel bereitwilliger geben, wenn man ihnen etwas verspricht, was sie selbst gerne hätten. Das kann ein Egozentriker sogar bis zu einem gewissen Grad verstehen. Deshalb taktieren sie gern mit den Bedürfnissen anderer. Egozentriker kennen sich aus mit Wünschen, und geht es um die Erfüllung ihrer eigenen, sind sie besser als die meisten von uns.

Aber wie hätte Bernd es verhindern können, auf Sigi hereinzufallen? Ganz einfach: Indem er den Kuhhandel in der richtigen Reihenfolge abgewickelt hätte! Es ist unerlässlich, gründlich nachzudenken, bevor man sich auf einen verlockenden Handel einlässt. Schade, aber wahr! Nur so bemerkt man Ungereimtheiten. Wenn Bernd erst *nach* dem Vorstellungsgespräch in der Autowerkstatt Sigis Auto repariert hätte, wäre es ein fairer und normaler Kuhhandel gewesen. Bernd war zu eilfertig – bereitwillig hat er den Preis schon bezahlt, bevor er die »Ware« zu sehen bekam. Ob es den Freund mit der Autowerkstatt überhaupt gegeben hat, bleibt sowieso dahingestellt. Doch das hätte Bernd schon herausgefunden, hätte er nicht die Katze im Sack getauscht.

Der Tauschhandel an sich ist keine rein egozentrische Verhaltensweise. Das Tauschen gehört zum Ur-Repertoire der Menschheit und wird von vielen praktiziert, manchmal fair, manchmal unfair. Meist ist der Kuhhandel der erste Schritt, den ein Egozentriker macht, um seine neue Beute auszusaugen. Verhält er sich so offensichtlich ausbeutend wie in diesem Beispiel, dann hat das Opfer allerdings noch einmal Glück gehabt! Weshalb? Nun, Bernd ist für Sigi als Opfer nicht weiter interessant, es handelte sich lediglich um einen einmaligen Coup. Bernd wird nach diesem Vorfall wohl kaum noch etwas mit Sigi zu tun haben wollen, das weiß auch der Egozentriker.

Der Kuhhandel, selbst der nur vorgetäuschte, ist bei Egozentrikern der harmloseste und offenste Weg, die unersättliche Gier nach mehr zu befriedigen. Geht ein Egozentriker so vor, wird er sein Opfer selten ein zweites Mal behelligen, denn er weiß, dass er verbrannte Erde zurückgelassen hat.

Wirklich schwierig, verletzend und manchmal sogar seelisch brutal wird es erst, wenn Egozentriker gesunde menschliche Gefühle und Instinkte ihrer Mitmenschen ausnutzen, um an den begehrten Besitz oder Hilfsdienst zu gelangen – völlig ohne Gegenleistung.

13. Die eiskalte Spekulation mit der Menschlichkeit der anderen

Am liebsten nehmen Egozentriker nämlich ein Opfer über einen längeren Zeitraum aus, ohne dabei auch nur ein Fitzelchen selbst zu geben, versteht sich. Der vorgetäuschte Kuhhandel kommt dann nur in einer verfeinerten Variante vor, als zuckersüße Versprechung, die aber natürlich nicht eingehalten werden kann, weil dem Egozentriker »leider« die Mittel dazu fehlen.

In welchem menschlichen Umfeld kann nun die totale Ausbeutung am besten gelingen? Innerhalb einer Familie, der Verwandtschaft, eines Freundeskreises oder unter netten Kollegen. Überall dort, wo Liebe, Sympathie, Teamgeist und vor allem Vertrauen im Spiel sind, wird gerne, großzügig und leichtfertig gegeben. Das ist wunderbar, natürlich und einfach menschlich! Nur wenn sich in diese menschlichen Beziehungsstrukturen ein Egozentriker einschleicht, brechen für alle Beteiligten schlechte Zeiten an.

Enge gefühlsmäßige Bindungen entsprechen unseren angeborenen Sippeninstinkten, und entgegen allen gesetzlich geregelten Eigentumsfragen sagt unser Ur-Instinkt: Sippeneigentum ist für alle da. Auf der Basis unserer Ur-Instinkte ist sehr wenig Platz für individuellen Besitz. Deshalb sind wir normalerweise innerhalb unserer Familie oder unseres engen Freundeskreises sehr großzügig. Nur gegenüber Fremden, also Menschen außerhalb unserer Sippe, verteidigen wir instinktmäßig den gemeinsamen Besitz. Geschenke sind deshalb nicht zufällig eine Geste der Freundlichkeit. Es ist ein Zeichen, jemanden in der Sippe willkommen zu heißen, potenziell gewillt zu sein, ihn als Mitglied aufzunehmen. Geschenke sind quasi eine erste Geste des Teilens von Sippeneigentum.

Genau diese Freizügigkeit innerhalb eines sozialen Verbandes machen sich Egozentriker besonders gerne zunutze. Deshalb sind alle Egozentriker sehr darauf bedacht, Freundschaft, Liebe oder familienartige Zusammengehörigkeit herzustellen – und zwar aus purer Berechnung. Nirgendwo sonst bekommt man so leicht so viel wie innerhalb einer engen Gemeinschaft!

Egozentriker simulieren das Sippenverhalten, sie empfinden es nicht, es ist Scheinfreundschaft und Scheinliebe, die zur Schau gestellt wird. Damit werden alle anderen Mitglieder getäuscht und zu Freigebigkeiten verlockt. Egozentriker sind eine Art Trojanisches Pferd für jede Familie oder jeden Freundeskreis.

Dabei wird das ganze Spektrum möglicher menschlicher Beziehungen ausgenutzt. Egozentriker kennen die normalen gesunden Verhaltensregeln erstaunlich gut. Aber sie betrachten diese Regeln nicht als moralische Verhaltensregeln, sondern als Waffen der Ausbeutung!

Jeder menschliche Kontakt ist für Egozentriker die potenzielle Möglichkeit zur Selbstbedienung!

Freunde, Partner, Bekannte, Arbeitskollegen, Untergebene, Vorgesetzte, Verwandte, Nachbarn – alle Beziehungen sind geeignet, um gratis viel zu erhalten. Wenn es nicht anders geht, wird zur Beschwichtigung ein kleiner Kuhhandel vorgeschoben, bis die netten Menschen bereit sind zu geben, ohne Gegenleistungen zu erwarten.

Freundschaften

Klaus klingelte ungeduldig an der Tür seines »Freundes« Dietmar. Es dauerte lange, bis Dietmar endlich die Tür aufmachte. Gekrümmt, ziemlich blass im Gesicht, mit einem dicken Schal um den Hals und in einen warmen Bademantel gehüllt, stand er da.

»Alter!« platzte es aus Klaus heraus. »Die Frau ist es einfach! Ich habe sie heute wieder gesehen, als sie nach der Arbeit aus dem Bus stieg. Sie hatte so einen engen Minirock an, ich sage dir, der Wahnsinn! Alles Designer-Klamotten.«

Was folgte, war eine langatmige, detaillierte Beschreibung seiner Angebeteten. Dietmar verkroch sich wieder in sein Bett und zog die Decke bis über beide Ohren – ihm war kalt, trotz aufgedrehter Heizung. Nach langem Zögern unterbrach er den Redeschwall seines Freundes: »Ich bin krank, Klaus. Ich habe eine Lungenentzündung, weil ich die schwere Grippe verschleppt habe. Die kalte Luft gestern hat mir dann den Rest gegeben.« Dietmar war Auslieferungsfahrer für eine Bürobedarfsfirma und wollte wegen einer Grippe seinen Arbeitsplatz nicht gefährden. Doch als ihm am Nachmittag schwindelig geworden war, hatte er sich dann doch endlich zum Arzt geschleppt. Der hatte ihm sofort strengste Bettruhe verordnet, da das Fieberthermometer bereits 40 Grad Fieber anzeigte.

»Ach, das ist ja schade«, sagte Klaus ungeduldig, »dann kannst du ja heute gar nicht mitkommen. Ich wollte auf die Piste, ich

habe nämlich herausgefunden, wo sie immer hingeht. Mist, es sieht blöde aus, wenn ich da so alleine rumstehe. Vielleicht kann ich ja Peter mitnehmen. Wo steht dein Telefon? Am besten, ich ruf ihn gleich mal an.« Leider war Peter aber noch nicht zu Hause.

Klaus redete weiter auf den kranken Dietmar ein. »Sie sieht einfach perfekt aus, genau wie ich es mag. Und fleißig ist sie auch, bestimmt hat sie einen guten Job. Kann ja nicht schaden, wenn einer von uns gutes Geld verdient!« Klaus lachte vergnügt. Er schlug sich mit Gelegenheitsjobs durch, war aber immer sehr modisch gekleidet. Man sah ihm überhaupt nicht an, dass er kein Geld verdiente.

Dietmar war müde und hätte am liebsten ein bisschen geschlafen. »Klaus, mir geht's wirklich mies. Es ist mir sogar zu anstrengend, in die Küche zu gehen, um mir Mineralwasser zu holen, dabei habe ich ständig Durst. Kannst du mir vielleicht …«

Weiter kam Dietmar nicht mit seiner Bitte. »Hab' keine Zeit, Alter. Ich muss mich jetzt rausputzen. Ach, übrigens, ich leih mir mal deine neue schwarze Jacke. Schließlich muss ich gut aussehen, heute Abend! Sie bekommt ein Prachtexemplar von Mann. Bestimmt hat sie eine superschicke Wohnung, es wird auch Zeit, dass ich umziehe!« Klaus eilte an der Küche vorbei zum Kleiderschrank, nahm die Jacke und ging zur Tür: »Also, bis dann! Ich ruf dich noch mal an nachher, wenn ich niemand anderen zum Mitgehen finde!« Und weg war er.

Diese Geschichte ist wahr, traurigerweise. Es gibt sie in vielen Varianten. Manchmal, wenn es ihm nützlich erscheint, baut der Egozentriker zwischen die entscheidenden Sätze, mit denen er sagt, was er wirklich will, auch einige Höflichkeitsfloskeln ein. Wie gesagt, gesellschaftliche Formen setzt der Egozentriker gern und geschickt als Waffen ein.

Freundschaft ist für den Egozentriker das Kernstück seines Lebens, nicht weil er seine »Freunde« wirklich mag, sondern weil Freunde die Ressourcen stellen, die ein Egozentriker braucht.

Egozentriker schließen schnell »Freundschaft«, gehen also schnell zu einem pseudovertraulichen Ton über und besuchen neue Bekannte auffällig oft, um den Verlauf der Freundschaftsbildung zu beschleunigen. Egozentriker versuchen, alle neuen Menschen schnellstmöglich ihrem »Freunde«-Fuhrpark einzuverleiben. Diese Menschen haben nicht unbedingt viel gemeinsam, es geht ja auch nicht um persönliche Bindungen oder gleiche Wellenlängen. Es geht um Nutzen. Jeder hat etwas zu bieten, was nützlich sein kann oder werden könnte. Nicht nur betuchte Menschen sind begehrte Opfer von Egozentrikern, auch Sozialhilfeempfänger sind durchaus willkommen. Diese Menschen haben ja Zeit und können so zu unzähligen Hilfsdiensten herangezogen werden. Vor allem aber sind sie ein gutes Forum für die langatmigen Selbstdarstellungen, die Egozentriker so dringend brauchen.

Diese »Schwäche« ist übrigens eines der hervorstechendsten Merkmale jedes Egozentrikers. Hieran kann man sehr gut erkennen, mit wem man es zu tun hat:

- Egozentriker lieben es, ihr uneingeschränktes Interesse für sich selbst lauthals, dauernd und unaufgefordert kundzutun. Sie vermögen diesen *Drang zur permanenten Selbstdarstellung* kaum zu unterdrücken.

Was für ein Glück für alle gesunden Menschen! Zumindest schon das vierte eindeutige Erkennungsmerkmal! Dennoch sollte man auch hier, wie bei allen schnellen Urteilen, Vorsicht walten lassen und sich den Selbstdarsteller lieber noch ein zweites oder drittes Mal anhören. Es gibt ja auch ehrliche Mitmenschen, die beim ersten Treffen nur einfach etwas unsicher sind und deshalb pausenlos über sich selber reden. Zieht sich dieses Verhalten jedoch durch alle folgenden Begegnungen, kann man ziemlich sicher sein, es mit einem Egozentriker zu tun zu haben.

Bekannte, Verwandte, Arbeitskollegen und Nachbarn

Für alle anderen sozialen Verhältnisse, die einen freundschaftlichen Umgang miteinander beinhalten, wenden Egozentriker dieselben Methoden an. Dabei wird immer auf die scheinbare Zusammengehörigkeit verwiesen, um Vorteile, Hilfsdienste oder Sachleistungen abzustauben.

»Wir sind doch Kollegen, da kannst du mir doch mal dein Auto leihen!«

»Du bist doch mein Onkel, deshalb kannst du mir doch mal mit tausend Mark aushelfen!«

»Ich bin der Nachbar von nebenan, könnten Sie mal für mich einkaufen?«

Und so weiter, und so weiter. Schlimm ist, dass solche Hilfsdienste tatsächlich normal und gesund sind – in echten und ehrlichen sozialen Beziehungen. Deshalb können Egozentriker hier auch so gut verdeckt arbeiten.

Ein vorgetäuschter Kuhhandel, wie ihn der Automechaniker Bernd erlebt hat, könnte bei genauem Hinsehen noch durch die unlogische Vorgehensweise erkannt werden. Schwierig wird es erst bei Hilfeleistungen, die aufgrund einer sozialen Zusammengehörigkeit »angefordert« werden. Hier kann leider nicht auf Anhieb erkannt werden, dass es sich um einen egozentrischen Schachzug handelt, denn das krankhafte egozentrische Verhalten unterscheidet sich in keiner Weise vom gesunden Verhalten. Jedem von uns kann es mal passieren, dass er am Sonntag keinen Zucker im Schrank hat und deshalb beim Nachbarn fragt. Jeder von uns kann mal in Geldnot geraten und Verwandte um Hilfe bitten. In dringenden Fällen ist es ebenfalls kein Thema, jemanden zu fragen, ob er einem das Auto leiht. Im Gegenteil, diese kleinen Hilfsdienste stärken im Allgemeinen sogar unsere sozialen Beziehungen und sind gut für das gesunde Miteinander.

Hier kann nur die Häufung der angeforderten Hilfe ohne Gegenangebot einen Hinweis auf mögliche egozentrische Aussaugmethoden geben.

Verlangt jemand immer wieder etwas unter Berufung auf das soziale Verhältnis, dann könnte etwas faul sein – es könnte sich jedoch auch dann noch um jemanden in einer außergewöhnlichen Notlage handeln.

Man kann dann in einem zweiten Schritt überprüfen, ob sich jemand wenigstens bedankt, die geliehenen Sachen zurückgibt oder eine ausgleichende Geste anbietet. Fehlen diese Gesten, verdichtet sich der Verdacht auf Egozentrik.

Hilft uns ein Nachbar, der Onkel oder ein Arbeitskollege aus der Patsche, geben wir das Geliehene in der Regel zurück und bedanken uns, vielleicht sogar mit einer kleinen Aufmerksamkeit. Einem Egozentriker ist es fast unmöglich, kleine Geschenke des Dankes zu machen, und es fällt ihm äußerst schwer, Dinge zurückzugeben.

Leider können wir aber auch dann noch nicht mit Sicherheit sagen, ob wir es wirklich mit einem Egozentriker zu tun haben. Schließlich gibt es auch sozial vollkommen gesunde, aber leider vergessliche Zeitgenossen, die sich ebenfalls nicht an diese einfachen Spielregeln halten. Das verwässert die Situation und gibt den Egozentrikern Deckung.

Wenn jemand sich allerdings ausschließlich in scheinbarer Not oder in Krisensituationen an uns wendet, wird schon deutlicher, dass etwas nicht stimmen kann. Doch so ungeschickt sind die wenigsten Egozentriker. Sie versprühen gern hier und da ein wenig übertriebene Freundlichkeit, wodurch ihre Spur verwischt wird.

Diese harmlose Form der Ausbeutung der sozialen Umgebung gibt uns also wenig Anhaltspunkte, um einen Egozentriker von einem gesunden Zeitgenossen zu unterscheiden. Da aber auch die möglichen Schäden verhältnismäßig gering sind, lohnt es sich kaum, nach Egozentrikern zu fahnden. Erst wenn ein Egozentriker »fette Beute« wittert, sind wir in allerhöchster Gefahr. Diese Wende äußert sich dann in besonders großer Freundlichkeit, verbunden mit gezielten Erkundigungen über den Lebensstandard und unmittelbar folgenden größeren Forderungen. Schnell wird der Egozentriker dann von »Freundschaft« sprechen, ein Moment, in dem spätestens sämtliche Alarmglocken läuten sollten.

Gespräche »unter Freunden«: Zwecklos mit Vollblut-Egozentrikern, lehrreich für die Opfer!

Unter Freunden sollte man über Missverhalten, Unstimmigkeiten oder auch Verletzungen reden können, vorausgesetzt, alle Beteiligten verfügen über ein gesundes Instinktpotential. Ein Egozentriker wird immer versuchen, sein unverhohlen unverschämtes Verhalten zu tarnen. Vollblut-Egozentriker denken nicht daran, sich zu ändern und dabei womöglich auch noch auf die eigenen Vorteile zu verzichten. Ihr Lebensziel ist schließlich ausnahmslos auf die eigenen Vorteile hin ausgerichtet. Niemals wird man einen überzeugten Egozentriker zu einem freiwilligen Verzicht zugunsten eines anderen Menschen bringen können und schon gar nicht zur Einsicht des eigenen Fehlverhaltens.

Ein Egozentriker wird sich selbst niemals als ein solcher einschätzen, und ein Egozentriker ist absolut nicht an seiner Entlarvung interessiert. Ein Egozentriker hält sich für fehlerlos, wunderbar und unantastbar. Und vor allem: Es interessiert einen Egozentriker nun wirklich am allerwenigsten auf der Welt, welche Erfahrungen andere Menschen gemacht haben, worunter andere Menschen leiden und wie andere Menschen sich gegen diese Ausbeutung schützen möchten. Ein Egozentriker kennt nur die Einbahnstraße des Nehmens, niemand wird je etwas von einem Egozentriker bekommen, was ihm selbst nicht noch mehr einbringt.

Ein offenes Gespräch »unter Freunden« wird höchstens dazu führen, dass ein Egozentriker alles abstreitet und eine Zeit lang etwas vorsichtiger vorgeht, sich hinter »netten« Gesten zu verstecken sucht und wartet, bis der »Freund« wieder nachgiebig, also ausbeutbar, ist. Bleibt jemand hart und besteht auf echten freundschaftlichen Verhaltensweisen, wird sich der Egozentriker – nach einigen letzten Versuchen, sich doch noch etwas unter den Nagel zu reißen – aus dem Staub machen. Menschen, die sich nicht ausbeuten lassen, haben weder Bedeutung noch Wert für ihn.

Die scheinbare Freundlichkeit eines Egozentrikers steht im direkten Verhältnis zu dem, was ein Opfer zu bieten hat.

Ökonomisch gesprochen bedeutet das: Die Freundlichkeit nimmt ab, je weniger Beute zu machen ist und je höher der Ertrag des Blutsaugers bereits ist. Ist das Opfer am Boden und hat nichts mehr zu geben, sucht der Egozentriker das Weite, stets mit einer fadenscheinigen Lüge.

Fazit: Gespräche mit eingefleischten Egozentrikern sind zwecklos, sie machen den Ego-Vampir nur für eine kurze Zeit etwas vorsichtiger, ansonsten geschieht nichts. Veränderungen im Verhalten sind langfristig ausgeschlossen.

Die einzige Möglichkeit, sich gegen einen aussaugenden »Freund« zu schützen, ist, vorerst konsequent nichts mehr zu geben. Dann wird das Opfer sehen, welches persönliche Interesse noch übrig bleibt. Ganz plötzlich und unerwartet wird der Egozentriker dann keine Zeit mehr haben, die »Freundschaft« zu pflegen, weil er dringende Aufgaben erledigen muss. Wo kein Geber ist, ist auch kein Nehmer.

Dennoch können ein Gespräch sowie der konsequente Verzicht aufs Geben für das Opfer sehr lehrreich sein, erfährt es dadurch immerhin, ob es sich denn nun tatsächlich um einen eingefleischten Egozentriker oder nur um einen fehlgeleiteten, aber wahren Freund handelt. Es ist immer ratsam, diesen letzten Test zu machen, um ganz sicher zu sein.

Besonders hilfreich sind Gespräche unter Freunden dann, wenn sich ein echter Freund im Anfangsstadium der Egozentrik befindet – ein paar offene Worte und die Darstellung der eigenen Verletztheit wirken wie Medizin. Ein im Kern gesunder Mensch wird nicht wollen, dass seine Freunde unter seinem Verhalten leiden. Das Problem ist allerdings, dass Egozentrik bis zu einem gewissen Grad ansteckend ist. Ist jemand bereits mehrmals ausgebeutet worden, hat ein Egozentriker ihm wieder einmal die verdiente Beförderung vor der Nase weggeschnappt, dann ist es legitim, dass derjenige sich fragt, warum er es nicht ebenso macht. Es ist genau dieser Moment der Frustration, der zu einer »Infektion« mit Egozentrik führen kann – doch in diesem Stadium ist jemand stets heilbar.

Gefährliche Sonderbehandlung: Wie Egozentriker ihren »auserwählten« Diener isolieren und abrichten

Der »beste Freund« eines Egozentrikers zu sein bedeutet, eine gefährliche Sonderposition unter allen anderen Opfern einzunehmen. Mit Sicherheit steht von Anfang an eines fest: Dieser »beste Freund« wird am Ende den größten Schaden zu beklagen haben, nicht nur materiell, auch menschlich.

Die Position des »besten Freundes« eines Egozentrikers einzunehmen bedeutet allerdings noch sehr viel mehr. Das zentrale Kernstück der Jagd- und Ausbeutungstechnik jedes Vollblut-Egozentrikers ist, einen auserwählten Diener zu haben. Denn dieser so genannte »beste Freund« wird nicht nur als Schutzschild benutzt, hinter dem sich der Egozentriker verstecken kann, er wird auch ganz bewusst für die eigenen Ziele eingesetzt und zu diesem Zweck meist mit rührseligen Geschichten geradezu abgerichtet.

Der »beste Freund« – also der Diener des Egozentrikers – wird für zahlreiche Aufgaben benötigt. Die direkte materielle Ausbeutung ist dabei die Basis dieser Nutzbeziehung, und die Spanne der Dienstleistungen ist weit reichend. Auch wenn für das Lieblingsopfer die Sach- und Geldgeschenke an den Egozentriker oftmals ein gravierendes Ausmaß annehmen, stellten die vergeudete Zeit, die enttäuschten Gefühle und die Flurschäden im sozialen Umfeld meist ein noch viel größeres Paket an psychischen Wunden dar.

Gesunde Menschen finden ihre besten Freunde im Laufe ihres Lebens irgendwo in der Schule, in der Ausbildung, im Beruf oder in der Freizeit. Die Basis dieser besonderen Beziehung ist eine Art Seelenverwandtschaft. Diesen Menschen vertrauen wir am meisten, und wir sind bereit, eine ganze Menge für sie zu tun. Auch Partner können manchmal beste Freunde sein oder werden. Eines liegt diesen meist lebenslangen Freundschaften jedenfalls stets zugrunde: Zuneigung, Vertrauen, Verständnis und Verlässlichkeit. Es ist völlig egal, ob der beste Freund oder die beste Freundin arm, reich, dick oder dünn, erfolgreich oder unauffällig ist. Wir wünschen unseren besten Freunden in der Regel das Allerbeste und freuen uns, wenn es ihnen gut geht. Warum gerade diese oder jene Person der beste Freund oder die beste Freundin ist, können wir selten sagen. Es ist eben diese besondere Art der inneren Verbundenheit.

»Freundschaften« mit Egozentrikern entstehen hingegen niemals zufällig, sondern werden vom Ego-Vampir bewusst und gezielt herbeigeführt.

Ein Egozentriker wird innerhalb einer Gruppe von Menschen immer denjenigen zum »besten Freund« küren, der am meisten zu bieten hat. Es gibt für Egozentriker weder einen Sympathiebonus noch Seelenverwandtschaft.

Ein Egozentriker kennt nur momentan »beste Freunde«, auch wenn solche »Freundschaften« manchmal Jahre dauern können – so lange, bis jemand auftaucht, der mehr zu bieten hat. Beim »Anfreunden« ist auffällig, dass der Egozentriker sehr viel Initiative zeigt und sich wirklich mächtig ins Zeug legt, um den potentiellen »besten Freund« zu ködern – anders als unter gesunden Menschen, wo beide Seiten aufeinander zugehen.

Der Egozentriker erobert seinen neuen »besten Freund« geradezu, schmeichelt ihm und spricht sehr schnell und gerne öffentlich von Freundschaft. Damit allen anderen klar ist, dass dies sein »Besitz« ist. Das Revier ist markiert.

Der »beste Freund« wird im Laufe der Zeit zahlreiche Aufgaben für den Egozentriker übernehmen und ihm für viele seiner Bedürfnisse zur Verfügung stehen. Egozentriker okkupieren ihre »besten Freunde« geradezu, so dass diese bedauernswerten Menschen bald kaum noch Zeit für ihr eigenes Leben haben, sind sie doch pausenlos mit den Bedürfnissen des Egozentrikers beschäftigt. Dabei gibt es keine Rücksichtnahme auf Schlafzeiten, Familienabende, Feiern, Arbeitszeiten oder Hobbys.

Egozentriker schaffen es, sich auf den ersten Platz im Leben ihres »besten Freundes« zu drängen, bis dieser fast in eine soziale Isolation gerät.

Alle bisherigen Freunde des Opfers werden schlecht gemacht, nach und nach. Der Egozentriker unterstellt allen den »Diener« umgebenden Menschen, dass sie ihn ausnutzen und seinen wahren Wert missachten würden – natürlich sagt er das unter vier Augen, wie es sich für »beste Freunde« gehört! Der »auserwählte Diener« wird nachdenklich und glaubt schließlich, tatsächlich unangenehme Verhaltensweisen an seinen alten Freunden zu entdecken – nobody is perfect – und gerät so zunehmend in die Isolation. Da der Egozentriker nun fast permanent anwesend ist und dem liebsten Opfer seine Sicht der

Dinge einimpft, kommt der »Diener« gar nicht dazu, in einer Atempause alles noch einmal in Ruhe zu überdenken.

Die Weltsicht des Egozentrikers wird dem Opfer durch pausenloses Wiederholen – wie eine Art Gehirnwäsche also – so lange eingeimpft, bis der »beste Freund« selbst daran glaubt, dass nur der Egozentriker sein Freund ist und alle anderen seine Feinde sind. Ab diesem Zeitpunkt ist der »beste Freund« dem Egozentriker hilflos ausliefert. Die Zeit des Leidens, der Isolation, der Ausbeutung und der Abrichtung ist eingeläutet!

Die Funktionen, die der »beste Freund« für einen Egozentriker erfüllt, kann man also wie folgt zusammenfassen:

- Er ist Fundus für alle benötigten »Kleinigkeiten« des Lebens wie Kleidung, Auto, Theaterkarten, Essensrechnungen, Autofahrten oder die vielfältigen »Leihgaben«.
- Er stellt ein Dauerforum zur Selbstdarstellung für den Egozentriker dar.
- Er ist eine ständige Klagemauer für den Egozentriker. Tenor: Wie gemein die Welt doch zum armen Egozentriker ist, dass nicht alles, was er haben möchte, einfach vor der Tür liegt. Hintergrund dieser Dauerklagen ist, die Lösungen für alle Probleme dem »besten Freund« zu überantworten. Unausgesprochener Appell: »Sieh zu, dass du mir die Hindernisse aus dem Weg räumst.«
- Er ist Mitwisser von Verschwörungen. Der »beste Freund« wird – zumindest für akute Beutezüge – in die Pläne eingeweiht, allerdings wird ihm die Geschichte meist unter anderen Vorzeichen verkauft. So werden dem »besten Freund« gezielt eingesetzte intrigante Schachzüge als gerechtfertigte Rachefeldzüge gegen zuvor begangenes Unrecht verkauft.
- Er ist Handlanger bei taktischen Schachzügen – inklusive Anstiftung zum Lügen –, die eingesetzt werden, um irgendwo bei einer guten »Quelle« Eindruck zu schinden oder sich Vorteile zu erschleichen.
- In seine Zuständigkeit fällt ebenfalls die übertriebene Propa-

ganda für den Egozentriker, der unbedingt ein gutes Image braucht, um sich in neue Kreise einschleichen zu können. Das schließt auch das Vorsondieren und Vorbereiten des anvisierten Terrains ein. Denn ein Egozentriker lebt auch vom guten Ruf »des besten Freundes«.

- Er soll Verkupplungen, Vermittlungen, Bevorzugungen und Sonderleistungen erwirken.

Zu einer Wohngemeinschaft von fünf Studenten gehörte auch Marco, der sein Sportstudium eher nebenbei verfolgte, fast als Alibi, und »hauptberuflich« Taxi fuhr. Er hatte, wie es typisch ist für einen Egozentriker, viele »Freunde« – eigentlich eher Bekannte, die er bei Bedarf um Gefälligkeiten bitten konnte. Allerdings hatte er längere Zeit keinen »besten Freund«. Das lag nicht daran, dass die Jungs in seiner Wohngemeinschaft nicht ausgesprochen nett waren, ganz im Gegenteil. Doch an einer rein menschlichen Nettigkeit war ein Egozentriker wie Marco natürlich überhaupt nicht interessiert. Der Grund dafür war vielmehr der, dass ihm niemand wirklich neue Jagdgründe oder erhebliche Verbesserungen für sein Leben bieten konnte.

Eines Tages zog, nach bestandenem Examen, einer der Mitbewohner aus, ein anderer zog ein. Von einem Tag auf den anderen war Marco ständig im Zimmer des Neuen, fragte ihn, ob er noch um die Häuser ziehen wollte, und plante ihn in alle Unternehmungen mit ein.

So sieht der klassische Zugriff auf den künftigen auserwählten Diener aus. Nichts davon hat etwas mit Sympathie oder Verständnis zu tun; das nur am Rande, um Missverständnisse auszuschließen.

Der Neue hieß Matthias, war Sozialpädagoge, arbeitete in einem Heim, und auf den ersten Blick schien diesen etwas schüchternen jungen Mann nichts von den anderen WG-Bewohnern zu unterscheiden. Innerhalb von drei Wochen hatte Marco den jungen Mann »erobert«, der neue »beste Freund« war auserkoren. Sogar eine Willkommensparty hatte Marco or-

ganisiert, als Matthias von einem verlängerten Wochenende in seiner fünfhundert Kilometer entfernten Heimatstadt zurückkehrte. Am nächsten Tag machten sie eine Fahrradtour und abends stieg eine Fete bei Bekannten. Alles, was Marco an Vergnügungen zu bieten hatte, wurde in die Tat umgesetzt. Der schüchterne Matthias war beeindruckt und wunderte sich, dass der allseits beliebte, lebenslustige Marco scheinbar einen Narren an ihm gefressen hatte. Seine Verwunderung ließ allerdings schnell nach, denn eigentlich war er einfach nur überglücklich, einen so selbstbewussten Freund gewonnen zu haben, der ihn überallhin mitnahm. Das tat Matthias gut.

Marco hatte schnell herausgefunden, dass Matthias sich nicht besonders attraktiv fand. Deshalb gab er ihm ständig Ratschläge, wie er sich kleiden und benehmen sollte, um Frauen zu beeindrucken. Marco war nämlich ein absoluter Frauentyp, und Matthias profitierte davon, was ihm äußerst gut gefiel. Schnell hatten sie ihre kleinen Geheimnisse – meistens Geschichten über vermeintlich eroberte Frauen.

Matthias, der sein Leben lang unter starken Minderwertigkeitskomplexen gelitten hatte, war selig, hatte er doch endlich einen Freund an der Seite, mit dem er sich stark und draufgängerisch fühlen konnte.

Nach außen hin schien also alles ganz normal zu sein – zwei »beste Freunde« eben. Was Matthias nicht wissen konnte, war, dass es für einen Egozentriker ja nicht ungewöhnlich ist, besonders selbstbewusst zu wirken – überzeugt davon, das Zentrum der Welt zu sein, kennt der Egozentriker keine Unsicherheit anderen Menschen gegenüber. Dieses übersteigerte Selbstbewusstsein macht einen großen Teil der Anziehungskraft und des Charmes aus, den ein Egozentriker auf andere Menschen ausübt.

Der Clou an der Geschichte von Marco und Matthias ist: Am ersten Tag führte Marco mit dem neu angekommenen Matthias ein alles entscheidendes Zweiergespräch, in dem er ihn, kurz gesagt, ausfragte: Woher er käme, was er so machen würde, wo seine Familie lebte, wer seine Freunde wären; Fragen also nach den Lebensbereichen, die für einen Egozentriker von größter Bedeutung sind: Besitz, Herkunft, Einfluss, Beziehungen. Natürlich wurde das von Marco alles mundgerecht und studentisch locker verpackt, und der arglose Matthias plauderte aus dem Nähkästchen. Es kam nicht oft vor, dass der sehr zurückhaltende junge Mann so viel Aufmerksamkeit bekam. Doch für das falsche Gefühl, gemocht zu werden, sollte er später noch einen hohen Preis bezahlen.

In den nächsten Monaten redete Marco Matthias ein, dass seine Freundin nicht gut genug für ihn wäre. Ersten war Nicole ein Hindernis im Zugriff auf Matthias, und zweitens hatte sie nichts zu bieten. Sie war Pflegerin in dem gleichen Heim wie Matthias, stammte aus einfachen Verhältnissen und hatte keinerlei Sparguthaben. Die Freundin war also überflüssig. Matthias trennte sich tatsächlich von Nicole, die bis heute nicht weiß, warum. Dann redete Marco seinem »besten Freund« ein, dass die Stadt, in der sie beide lebten, total langweilig wäre und dass sie woanders sicher wesentlich mehr Spaß haben würden. Außerdem müssten sie nun endlich etwas für ihre Karriere tun, denn das Leben mache schließlich nur dann wirklich Spaß, wenn man viel Geld zur Verfügung hätte, und außerdem wären die Partys dann auch besser.

Und so kam es, dass die beiden in die Stadt zogen, aus der Matthias erst vor einer Weile weggegangen war. Ohne mit der Wimper zu zucken, trennte sich Marco kurzerhand von seiner langjährigen Freundin, einer Lehrerin, die ihn oft genug durchgebracht und versorgt hatte. Er hatte jetzt Höheres vor Augen.

Matthias zog zunächst wieder zu Hause ein, und Marco kam in einem Gästezimmer der stattlichen Villa unter. Es dauerte nicht lange, und Marco bekam, trotz seines fehlenden Examens, einen leitenden Job in einem renommierten Sportverein. Er verkehrte an Matthias' Seite in der neureichen Gesellschaft, bis er Anneliese, eine wesentlich ältere geschiedene Frau mit reichlich gefülltem Bankkonto heiratete – für einige Jahre. Matthias hingegen hatte das Schickimicki-Partyleben schnell satt und litt unter starken Depressionen. Es hatte ihn viele Jahre gekostet, sich aus den Fängen seines dominanten Vaters zu befreien und seinen eigenen Weg zu gehen – der eigentliche Grund, weshalb er ursprünglich so weit weggezogen war.

Und nun steckte er wieder mittendrin in seinem persönlichen Familiendrama. Warum hatte er bloß diesen Rückschritt gemacht? Außerdem verkraftete er die Trennung von Nicole nicht, die inzwischen anderweitig liiert war und von ihrem neuen Freund ein Kind erwartete. Sie wollte ihn nun nicht mehr.

Matthias weiß bis heute nicht, dass seine Probleme an seinem ersten Tag in der neuen WG begannen, als er Marco erzählt hatte, dass sein Vater Bürgermeister einer deutschen Großstadt sei und seine alteingesessene Familie zu den einflussreichsten der dortigen Gesellschaft gehöre. Das Umfeld, aus dem Matthias geflohen war, um zu sich selbst zu finden, war genau der Stoff, aus dem Marco sofort Pläne für seine Zukunft strickte. Als Egozentriker hat er sich dann schließlich auch alle Vorteile und Beziehungen seines »besten Freundes« zunutze gemacht und ist dort gelandet, wo er immer schon sein wollte: lässig in der Sonne liegend, an einem Pool, den ein anderer für ihn bezahlt hat.

Seit seiner Hochzeit mit Anneliese hat Marco den Kontakt zu Matthias abgebrochen: Er sei ihm zu schwermütig, und er, Marco, verstünde gar nicht, weshalb dieser reich geborene Junge überhaupt Probleme hätte. Im Klartext: Marco brauchte Matthias nicht mehr.

Liebe

Liebesbeziehungen sind aus egozentrischer Sicht eine Steigerung gegenüber den »besten Freundschaften«. Ego-Vampire wissen, dass Grenzen, die selbst ein »bester Freund« noch hat, bei Liebesbeziehungen leicht zu durchbrechen sind. Ist das Opfer erst einmal richtig verliebt, und Egozentriker können unglaublich charmant sein, wenn es was zu holen gibt, dann wird fundamental abgeräumt. Kontovollmachten, Eigentumsüberschreibungen, Begünstigungen in Testamenten und Lebensversicherungen sind nur die Standardziele der langfristigen Ausbeutung. Doch Vorsicht: Egozentriker beginnen nie mit allem gleichzeitig. Stück für Stück werden die erstrebenswerten Besitztümer vereinnahmt. Da dieses Vorgehen etwas Zeit erfordert und Egozentriker grundsätzlich ungeduldig sind in ihrer Habgier, beanspruchen sie in regelmäßigen Abständen kleinere und größere Leistungen, immer schön verpackt in rührselige Geschichten voll von erlittenem Unrecht und Benachteiligungen. Die Strategie ist ähnlich wie bei der Abrichtung des »besten Freundes« zum willfährigen Diener. In Liebesbeziehungen können Egozentriker jedoch noch sehr viel effektiver mit emotionaler Erpressung arbeiten. Vom schmollenden Kleinkind bis zum Eifersucht erzeugenden Flirten, von Drohungen, den Partner zu verlassen, bis zur Androhung von Selbstmord – das Spektrum ist weit gefächert, je nachdem, welche Masche momentan am besten zieht.

Die Folgen:

- Der verliebte Partner wird bald entdecken, dass er völlig vom Egozentriker vereinnahmt wird. Alles Denken, Fühlen, Handeln und Planen dreht sich innerhalb kürzester Zeit nur noch um den Ego-Vampir.
- Soziale Kontakte werden – mit derselben Taktik wie beim »besten Freund« – reduziert, andere Menschen werden zu böswilligen Monstern oder nervtötenden Langeweilern stilisiert. Isolation und emotionale Erpressung treiben das Liebes-Opfer in die Enge, das häufig das Verlangte gibt, nur um endlich Ruhe zu haben.
- Streit wegen Kleinigkeiten, unangemessene Dramen und überzogene Liebesschwüre zeichnen diese »Beziehungs«-Phase aus.

Spätestens an diesem Punkt der Entwicklung wagen die meisten gesunden Partner die »Palastrevolution«. Viele »Liebes«-Beziehungen von Egozentriker gehen daher relativ schnell in die Brüche. Allerdings haben sie bis dahin in den meisten Fällen schon großen Schaden angerichtet. Unweigerlich drängt sich dem gesunden Partner – sozusagen mit roter Leuchtschrift – die Erkenntnis auf, dass er nicht geliebt, sondern lediglich komplett ausgesaugt wird. Auch das alte Umfeld, die Freunde und die Familie des Opfers, hat bereits ebenfalls die Einseitigkeit der Beziehung bemerkt und wird deshalb erste Andeutungen machen sowie Hilfe für den Ausstieg anbieten.

Übersteht eine »Beziehung« jedoch diese erste Phase der totalen Vereinnahmung, wird das Opfer immer kraftloser und unfreier, der Leidensdruck nimmt ein ungeheures Ausmaß an. Bleiben die »Partner« trotz ihrer Zweifel bei ihrem Egozentriker, beginnt die Zeit der verzweifelten Änderungsversuche. Die Psychologisierung unserer persönlichen Lebensumstände trägt dabei ungute Früchte. Das Fehlverhalten des Egozentrikers wird zum Zentrum aller »Beziehungsgespräche«, wobei er es schafft, alle Verantwortung anderen Menschen in die Schuhe zu schieben: der Mutter, dem Vater oder den bösen Geschwistern, der Schule, den Freunden, den verflossenen Partnern und natürlich, allen voran, dem Partner selbst. Er wird sich als bemitleidenswertes Opfer verkaufen und dem Partner unterschwellig die psychologische Aufarbeitung all seiner vermeintlichen Traumata überlassen – und dabei selbst weitermachen wie bisher. Wenn der hartnäckige »Partner« wütend wird, weil er trotz seines enormen Engagements keine Fortschritte sieht, kann ein Egozentriker mit folgender Taktik überraschen: Nach einem Wutanfall des Partners, der jetzt offen mit Trennung droht, wird er plötzlich unerwartet einsichtig, gibt vor, endlich zu verstehen, und entschuldigt sich sogar für sein schlimmes Verhalten in der Vergangenheit. Kurz: Von einer Stunde auf die andere benimmt er sich total anders.

Der erschöpfte Partner ist glücklich! Endlich hat seine »Arbeit an der Beziehung« etwas genützt. Der Egozentriker verhält sich plötzlich liebevoll und »normal«, eben wie ein echter Partner. Doch das ist natürlich eine Illusionsshow. Der Egozentriker denkt überhaupt nicht daran, sich aus freien Stücken und dazu noch für jemand anderen zu ändern! Was hätte er auch davon. Aber diese kurze Phase der Liebenswürdigkeit hat ja ein Ziel: sich den »Partner« wieder wohlgesonnen zu machen, ihn in Sicherheit zu wiegen, damit man weitermachen kann wie bisher.

Je nachdem, wie nachgiebig oder misstrauisch, naiv oder gutgläubig ein »Partner« ist, kann diese »Nettigkeitsphase« des Egozentrikers von zwei Tagen bis zu zwei Wochen andauern. Manche haben es sogar schon auf vier Wochen »Wohlverhalten« gebracht. Schließlich hat der Egozentriker ja aus den vorangegangenen, meist einseitigen Vorträgen des »Partners« gelernt, was dieser sich wünscht. Außerdem weiß er auch, was im Allgemeinen unter partnerschaftlichem Verhalten verstanden wird. Auch in Bezug auf die Liebe hat der Egozentriker also *Kenntnis* von den gesunden sozialen Verhaltensweisen, damit er sich besser tarnen kann.

Nach der kurzen Phase des »Wohlverhaltens« geht der Egozentriker wieder zu seinen üblichen Nassauereien über. Erneut wird der verständige, psychologisierende »Partner« nach einer Weile einschreiten und »Gespräche« führen, was wiederum mit ein bis drei Tagen »Nettigkeit« belohnt wird. Dieser Kreislauf kann Monate oder Jahre andauern, eben so lange, bis der »Partner« des Egozentrikers endlich bemerkt, dass sich nie etwas ändern wird.

Gesunde Partner wenden sich in dieser zweiten Phase glücklicherweise meistens wieder ihren alten Freunden oder ihrer Familie zu und sprechen offen über ihre Probleme mit dem egozentrischen »Partner«. Das schafft nicht nur Distanz und rückt den verzerrten Blickwinkel wieder gerade, sondern gibt Stärke und Bestätigung. Die Bereitschaft, dem gebeutelten Freund oder Familienmitglied zu einem schnellen und sauberen Ausstieg zu verhelfen, ist in der Regel sehr groß. Die Sippeninstinkte arbeiten in diesem Fall endlich mal *für* das Opfer. Je nachdem, wie lange sich der unglückliche »Partner« des Egozentrikers noch mit der »Beziehung« abquält, wird diese Hilfsbereitschaft des persönlichen Umfeldes allerdings oft auf eine harte Probe gestellt.

Im Grunde ist es jedoch nicht falsch, dass jemand, der in einer so einseitigen Beziehung gefangen ist, noch ein paar Versuche startet, das Ruder herumzureißen: Erstens, weil man davon ausgehen kann, dass derjenige den »Partner« ja ernsthaft liebt, und zweitens, weil er dadurch die sichere innere Überzeugung gewinnt, dass wirklich Hopfen und Malz verloren sind. Aufgrund dieser Erkenntnis kann sich das Opfer dann auch ohne Reue und Wehmut trennen.

Leider gibt es jedoch immer wieder Fälle, in denen ein leidender und offensichtlich ausgebeuteter Partner dem Egozentriker weiterhin die Treue hält. In dieser dritten Phase ziehen sich meist Freunde und Familie des Opfers zurück und schütteln nur noch voller Unverständnis die Köpfe. Der persönliche Niedergang kennt kaum Grenzen, denn der Egozentriker schert sich nicht darum, ob sein Partner krank aussieht, elend, abgemagert oder aufgedunsen, ob er mittlerweile hoch verschuldet ist oder ihm eine Pfändung ins Haus steht. Der Egozentriker wird nach wie vor gut gepflegt und wohlauf umherstreifen. Den Zerfall des Partners nimmt er nur zur Kenntnis, wenn dieser dann wirklich absolut nichts mehr zu geben hat – was dann so aussieht: Der Egozentriker macht sich aus dem Staub und auf zum nächsten Opfer. Die geradezu zynische Tragik besteht darin, dass der Egozentriker seinem am Boden liegenden Opfer am Ende auch noch vorwirft, dass er so schlecht aussieht und sich in einem derart desolaten Zustand befindet – damit er einen offiziellen Anlass hat, zu gehen. In Wahrheit ist der Hintergrund natürlich, dass sein »Liebes«-Opfer nun wirklich absolut nichts mehr zu geben hat.

Makaber, aber wahr: Erst ruiniert ein Egozentriker den »Partner« nach allen Regeln seiner egozentrischen Kunst, um ihn dann mit der Begründung zu verlassen, dass niemand mit einem derartig kaputten Menschen leben kann.

Steigt das Opfer nicht in Phase eins oder zwei aus, sondern harrt so lange aus, bis der Egozentriker freiwillig von ihm ablässt, ist nichts mehr von seinem früheren Dasein übrig. Diese totale Zerstörung des eigenen Lebens, des sozialen, beruflichen und materiellen Umfelds, hat nur ein einziges Gutes: Das Opfer ist den blutsaugenden Egozentriker endlich los!

Leider ist der Nachteil, dass viele der so verlassenen »Partner« ihrem Egozentriker noch lange nachtrauern, die Schuld gar bei sich suchen, weil sie immer noch nicht begreifen wollen, dass sie niemals geliebt, sondern immer nur benutzt wurden. Diese Erkenntnis tut sehr weh, bleibt aber der einzige Weg, um auch innerlich endlich vom Egozentriker loszukommen. Außerdem ist diese Erkenntnis geradezu lebensnotwendig, da sonst das Opfer in die krankhafte Schleife gerät, sobald es sich wieder erholt hat, auf den nächsten Egozentriker hereinzufallen.

Die dritte Phase der egozentrischen »Partnerschaft« trägt also bereits den Keim einer krankhaften Komponente in sich. Wer sich bis zur letzten Konsequenz auswringen lässt, zeigt dadurch nicht eine besonders hohe Liebesfähigkeit, sondern ist mit ziemlicher Sicherheit ein Co-Egozentriker (vgl. S. 122).

Fassen wir also zusammen:

Die bevorzugten *Zielgruppen* der Ausbeutung sucht und findet ein Egozentriker in seinem jeweiligen Umfeld. Ob Familie, Verwandtschaft, Kollegen, Bekannte, Nachbarn, Freunde (darunter die besonders gefährdeten »besten Freunde«) oder Liebespartner – jeder soziale Kontakt hat etwas zu bieten.

Die *Methoden* der Ausbeutung sind stereotyp, wir können identische Verhaltensmuster bei jedem Egozentriker beobachten, egal welcher Herkunft er ist. Nur die Verpackung ist jeweils verschieden, da sie von der sozialen Schicht abhängt oder ihr zumindest angepasst wurde.

- Als die harmloseste Methode hat sich dabei der *vorgetäuschte Kuhhandel* herausgestellt, der überwiegend einmalig eingesetzt wird. Bei plumpen Egozentrikern kann diese Methode allerdings auch der Auftakt zu einer länger andauernden Ausbeutung sein. Da diese Methode aber sehr durchsichtig ist, hat sie auf längere Sicht kaum großen Erfolg. Die Schäden halten sich deshalb meist in Grenzen.
- Die zweite Methode, der *Freundschaftsdienst oder die Familienhilfe* ohne Gegenleistung, wird gern häufiger in Anspruch genommen und verhilft dem Egozentriker oft zu sehr viel größerer Beute. Die soziale Verpflichtung, welche die Opfer empfinden, verhindert vielfach die vernünftige und rechtzeitige Gegenwehr.

Diese beiden Methoden werden im Grunde von jedem Egozentriker stets und überall angewendet. Die Opfer sind dabei immer beliebig austauschbar. Solange der Egozentriker sich allerdings ausschließlich mit diesen Methoden durchschlägt, hat er sich noch nicht an einer bestimmten Person festgesogen. Richtig gefährlich wird es erst, wenn ein Egozentriker ein spezifisches Opfer im Visier hat und sich entweder als »bester Freund« oder als »Liebespartner« an sein Opfer klammert. Dann werden die Erpressungsmethoden härter, gezielter, gemeiner und die Ansprüche des Egozentrikers höher.

Skrupellosigkeit und Kälte sind alles, was ein Egozentriker seinen Mitmenschen innerlich entgegen bringt. Bei der egozentrischen Ausbeutung werden Methoden und Kräfte angewandt, die selbst gesunde Menschen langfristig anfällig für die Ausbeutung machen und nicht sofort zu durchschauen sind.

Wie schaffen es Egozentriker konkret, ihre Opfer derartig auszunutzen und sie derart gefügig zu machen? Antwort: Egozentriker studieren ihre Opfer regelrecht.

Aufgrund dieser Beobachtungen werden »Freunde« oder »Liebespartner« dann gezielt und den stereotypen Mustern entsprechend abgerichtet, damit sie dem Egozentriker dienen können. Der Egozentriker macht sich dabei ungehemmt und ungeniert die Schwächen und Instinkte gesunder Menschen zu Nutze!

Mit Hilfe einer scharfen Beobachtungsgabe finden Egozentriker blitzartig die persönlichen Schwachstellen der Zielperson und nutzen diese schamlos als Mittel zur Manipulation aus.

Alle sozialen Instinkte wie Moral, Anstand oder Gerechtigkeitssinn der Opfer werden vom Egozentriker genutzt und geschickt auf sich als Empfänger umgeleitet. Egozentriker imitieren, wie der Wolf im Schafspelz, Hilfsbedürftigkeit in ihrer ganzen Spannbreite und lösen dadurch gesunde Hilfsreaktionen aus – und dann sahnen sie ab.

In Anbetracht des bei den Opfern eintretenden persönlichen Flurschadens lohnt sich also der folgende genaue Blick auf die stereotypen Methoden der Ausbeutung. Wissen ist hier tatsächlich Macht: Die Macht, sich rechtzeitig zu wehren!

TEIL II

Die egozentrischen Methoden der Ausbeutung

1. Die Schwächen der Opfer als Manipulationsinstrument

Jeder normale Mensch hat bestimmte Schwächen, unter denen er leidet: der eine findet sich zu dick, der andere zu groß, der nächste meint, er sei nicht schön genug, und wieder ein anderer glaubt, zumindest auf einem Gebiet, nicht genug zu wissen. Alle diese vermeintlichen Schwächen ziehen ein persönliches Unsicherheitsgefühl bis hin zu massiven Minderwertigkeitskomplexen nach sich. Das ist die Basis, auf der ein Egozentriker seine Abrichtung aufbaut. Es wird kaum einen »besten Freund« geben, der vor Selbstbewusstsein nur so strotzt, allseits beliebt ist, dabei auch noch schön, begehrt und eine offenherzige Frohnatur, kurz: der in voller Selbstentfaltung erblüht. An einem solchen Prachtexemplar von Mensch würde sich ein Egozentriker die Zähne ausbeißen, denn er hätte keine Angriffspunkte. Leider jedoch gibt es sehr wenige Menschen, die so entspannt im Hier und Jetzt leben, voller Freude an ihrem Dasein und im Einklang mit allem, was existiert. Die große Mehrheit müht sich mit Einschränkungen und Selbstzweifeln durchs Leben und ist somit ein prädestiniertes Opfer für einen Egozentriker.

Im Unterschied zu anderen Mitmenschen trauen sich Egozentriker schon nach kürzester Zeit, den Finger auf die Wunde des Opfers legen – unter vier Augen versteht sich. Doch anstatt die Schwäche beim Namen zu nennen, konstruieren sie daraus eine lobenswerte Scheinstärke des Opfers, zumindest verbal. Eine sehr trickreiche Taktik! Einige Beispiele werden das verdeutlichen:

1. Eine etwas dickliche Frau, die wegen ihres Übergewichts starke Komplexe hat, wird als »beste Freundin« von einer

Egozentrikerin hören: »Du hast doch eine schöne Figur. Nur etwas robustere Frauen sind echte Vollblutfrauen. Alles andere sind hässliche Hungerhaken.« Falls die Egozentrikerin auch ein paar Kilo zu viel hat, könnte das Ganze auch so klingen: »Wir sind eben die wahren Genießer. Wir lassen uns nichts verbieten. Wir essen, was uns gefällt.«
2. Ein schwächlicher, untrainierter Mann, der sich deshalb schämt, wird von seinem »besten Freund« hören: »Aufgeblasene Muskelmänner sind dumm. Frauen mögen das überhaupt nicht. Du hast die perfekte feingliedrige Figur. Richtig edel!« Falls der egozentrische Freund durchtrainierter ist – was gut sein kann, denn Egozentriker achten sehr auf ihr Äußeres –, wird er sich zum Schein lustig über sich selbst machen. »Guck mich an, mich halten die Frauen für blöd, nur weil ich Muskeln habe. Du schnappst mir jede Frau von Klasse weg!« Was natürlich eine glatte Lüge ist, denn ein Egozentriker wird immer davon überzeugt sein, der schönste Mensch auf Erden zu sein.
3. Ist jemand schüchtern und unsicher, wird der egozentrische »Freund« das Opfer aufbauen: »Zurückhaltung und Sensibilität sind sehr gefragt!«

Der Egozentriker lügt jedoch nicht einfach nur, um sich einzuschleimen – diese Masche hat immer System, ausnahmslos! Stilisiert ein Egozentriker die größte Schwäche seines potenziellen »Dieners« zu einer vermeintlichen Stärke hoch, erreicht er nämlich zwei wichtige Zustände:

1. Das Opfer wird sich gleich besser, weil gemocht und akzeptiert, fühlen. Dadurch steigt die Sympathie, die das Opfer dem Blutsauger entgegenbringt, unmittelbar. Auch wenn der potenzielle »Diener« merkt, dass es nur eine Schmeichelei ist, wird er sie trotzdem als wohltuend und vor allem als echte Zuneigung empfinden, als einen Freundschaftsdienst eben. Das schwächt die Verteidigungsmechanismen – was ja explizit Ziel der Übung ist.

2. Der zweite Effekt ist, dass der Egozentriker sich mit seiner »Interpretation« der Schwäche des Opfers gegen alle gesellschaftlichen Urteile stellt und dadurch so ziemlich der einzige Mensch sein wird, der das, was das Opfer verunsichert, als Stärke sieht. Und das macht abhängig!

Genau hier lauert die unglaubliche Gefahr, einem Egozentriker auf den Leim zu gehen. Wenn ein Mensch eine hässliche große Nase hat, wird jeder das sehen. Der Großnasige wird aber trotzdem gemocht, weil er nett, gebildet, sanftmütig, charmant oder mit sonstigen Charakterstärken behaftet ist. Er wird gemocht, wegen seiner Stärken und guten Charaktereigenschaften. Aber alle werden die übergroße Nase als Schwäche einstufen, obwohl sie diese aus Rücksichtnahme nicht erwähnen würden – sie ist zweitrangig. Trotz der Zuwendung seiner echten Freunde wird der Großnasige vermutlich mehr oder weniger unter dieser optischen Schwäche leiden – sie ist vermutlich sein wunder Punkt, seine empfindliche Stelle, an der er seelisch leicht verletzt werden kann.

Der Egozentriker macht nun aus der Schwäche des Opfers eine Pseudostärke. So etwas hat der Großnasige natürlich noch nie erlebt, weshalb er ganz erstaunt ist. Sein Weltbild beginnt sich neu zu ordnen und er fühlt sich zum ersten Mal in seinem Leben nicht gehandicapt. Doch dieses Gefühl kann er eben nur beim Egozentriker erleben, der ihn gerade abrichtet. Dabei entsteht beim Opfer bereits eine erste leichte Abhängigkeit vom Egozentriker, denn nur er gewährleistet die Befreiung von der leidbringenden Schwachstelle, jedenfalls in seiner Anwesenheit! Anfänglich wird der Egozentriker den Großnasigen häufig für seine Charakternase loben, manchmal sogar so weit gehen und behaupten, er beneide ihn darum. Irgendwann glaubt das Opfer tatsächlich, was der Egozentriker über seine Nase sagt, besonders weil es so gut tut, daran zu glauben. Es ist Balsam für die verunsicherte Seele. Was für ein toller Freund, der die Dinge so ganz anders sieht!

Allerdings stellt sich dieser Balsam bald als Schmierseife heraus. Wie beim Abrichten von Hunden wird der Egozentriker wenig später immer nur dann ein Lob für die Charakternase übrig haben, wenn sein »bester Freund« genau das tut, was er von ihm verlangt hat. Hat der Großnasige etwa ein teures Abendessen bezahlt und aus purer Freundschaft dem Egozentriker vorher das Geld zugesteckt, damit er vor seiner neuen Flamme nicht mittellos aussieht, dann ist ein öffentliches Lob über die Charakternase fällig! Wie wenn man Hunde mit Leckerlis dazu bringt, Männchen zu machen, und sie dann dafür lobt, wie gut sie das gemacht haben, geht die Dressur des auserwählten »Dieners« – der sich selbst natürlich für den besten Freund hält – weiter: mit gezieltem Lob für die Schwäche.

Nach und nach gerät das Opfer in die Isolation, denn keiner seiner echten Freunde wird es tatsächlich wagen, die neue Illusion zu zerstören. Wer möchte einen Freund schon so verletzen und zu ihm sagen: »Dieser Egozentriker wickelt dich doch nur ein, du hast nun mal eine riesige Nase!«

Wenn nun im Laufe der Zeit der Großnasige häufiger zögert, etwas zu tun oder zu bezahlen, wird ihn der Egozentriker weiterhin ein wenig loben, damit der aufkeimende Widerstand gebrochen wird. Nimmt die Ausbeutung dann offensichtliche und größere Ausmaße an, könnte es sein, dass der Großnasige tatsächlich nachdenklich wird. Einige Freunde werden ihm nun doch, aus Sorge, zu sagen versuchen, dass er ausgenutzt wird. Doch der Egozentriker weiß, was er zu tun hat: Weigert sich der Großnasige nun, etwas Gefordertes zu leisten, dann wirft der Egozentriker einen kritischen Blick auf die große Nase seines Opfers und droht ihm damit unmissverständlich, ihn aus seinem neu gewonnen Paradies zu schubsen. Vermutlich wird der Großnasige daraufhin schnell seine Zweifel zur Seite fegen und tun, was verlangt wird.

Traut er sich dann immer noch – nach wie vor voll der Überzeugung, einen echten Freund zu haben – gelegentlich nein zu sagen, dann wird die Reaktion des Egozentrikers noch ein wenig unsanfter ausfallen: »Sag mal, ist deine Nase geschwollen? Was hast du damit gemacht? Sieht aber komisch aus, heute!«

Es gehört viel Kraft und charakterliche Stärke dazu, an dieser Stelle aus dem Spiel auszusteigen und sich selbst einzugestehen, dass die alte Schwachstelle immer noch da ist und auch für immer da bleiben wird. Der »Diener« wird sich entscheiden müssen, ob er den Preis der totalen Ausbeutung weiter zahlen möchte – bloß für das fadenscheinige Lob, eine Charakternase zu haben. Er wird ohnehin nur noch eine gewisse Zeit lang diese wohlkalkulierte Version zu hören bekommen. Denn sobald der Egozentriker keine Verwendung mehr für den »Diener« hat, weil er entweder einen besseren gefunden oder sich bereits in anderen Jagdgründen etabliert hat, wird der alte »beste Freund« zu hören bekommen, dass sein Zinken ein wirklich abscheulicher Anblick ist.

Das einzige Mittel, sich vor einem derart schmeichelhaften Zugriff durch einen Egozentriker zu schützen, ist, sich bewusst zu machen, dass kein Mensch auf der Welt perfekt ist. Das, was zählt, ist der Mensch als Ganzes, als eine einzigartige, nette, angenehme und freundliche Mischung. Es lohnt sich ebenfalls, einen gewissen Stolz auf seine Stärken zu entwickeln. Wer für seine Stärken gelobt wird, wird kaum Gefahr laufen, vom Lobenden abhängig zu werden – denn da spricht nur jemand aus, was man ohnehin schon weiß. Es ist zweifellos angenehm, aber eben nicht mehr. Wer aber mit seinem Lob auf die persönlichen Schwachpunkte zielt, der ist mit Vorsicht zu genießen! Wenn man mit sich selbst ehrlich ist und seine Stärken und Schwächen einigermaßen realistisch einschätzt, dann kann man einem schleimenden Egozentriker rechtzeitig widerstehen.

Handelt es sich aber um eingebildete Schwächen oder einen kleinen Makel, der völlig überbewertet wird, dann sieht die Sache schon wesentlich schwieriger aus. Denn die Schönheit oder Hässlichkeit einer minimal größeren Nase ist in der Tat Geschmackssache!

Bei der Abrichtung durch Lob gibt es einige seltene Ausnahmen, die an dieser Stelle erwähnt werden sollten. Egozentriker erkennen sehr genau, wen sie vor sich haben. Bei einem sehr realistischen Menschen, der keinen Hehl aus seinen Schwächen macht, vielleicht sogar öffentlich zu ihnen steht, wird ein Egozentriker diese Schwächen nicht loben. Denn hier besteht die Gefahr, dass die Taktik sofort auffliegt oder der Egozentriker allerhöchstens Gelächter erntet. Einen solchen Menschen wird ein Egozentriker für seine tatsächlichen Stärken loben, allerdings völlig überzogen. Unter Umständen kann er nämlich auf diese Weise doch noch eine kleine Lobabhängigkeit herstellen – vielleicht ist es ja ein Vorzug, auf den derjenige besonders stolz ist, und da tut extreme Bewunderung immer gut. Wenn das allerdings nicht gelingt, dann wird das Gewicht der angestrebten Abrichtung auf die zweite Komponente verlagert: die Scheinbedürftigkeit.

2. Die Scheinbedürftigkeit als Manipulationsinstrument

Ich brauche dich und deshalb bist du so wertvoll.
Ohne dich weiß ich gar nicht, was ich machen soll!
Ich muss dir unbedingt was erzählen!
Du musst mir helfen, mich beraten, trösten!

Die Scheinbedürftigkeit des Egozentrikers ist eine gefährliche Strategie, die das Opfer auf ein nicht vorhandenes Podest stellt und es moralisch unter Druck setzt: Nur du kannst mir helfen, mich retten, beraten oder trösten, und deshalb musst du das auch tun.

Der Erpressungshebel sitzt in diesem Fall an einer anderen Stelle als beim Pseudolob von Schwächen: Nur wenn das Opfer dem Egozentriker stets zu Diensten ist, darf es sich weiterhin als großer und beschützender Freund fühlen. »Bester Freund« zu sein bedeutet, stets und zu jeder Zeit verfügbar zu sein: für die Selbstdarstellung und für das Wohlbefinden. Ist der auserwählte Diener das einmal nicht, wird sofort seine Qualität als Freund in Frage gestellt. Der Egozentriker tut so, als sei er ein hilfloser, im Stich gelassener und vom Unrecht verfolgter armer Tropf, was die Aufforderung beinhaltet, dass der große »beste Freund« das alles wieder gerade rücken und für Abhilfe und Gerechtigkeit sorgen soll.

Mit dieser Taktik werden unsere Kümmer-Instinkte angesprochen. Es ist unsere instinktive Pflicht, einem in Not geratenen Sippenmitglied zu helfen. So sorgt der Egozentriker dafür, dass seine Geschichten immer überdramatisch, besonders mitleiderregend und erschütternd ungerecht klingen. Wenn ein Verwundeter uns um Hilfe anfleht, gehen wir normalerweise auch nicht kaltherzig vorbei, sondern reagieren spontan und instinktsicher mit Hilfsmaßnahmen. Genau auf diesen Reaktionsmechanismus zielen Egozentriker ab.

Kerstin nervte ihre »beste Freundin« Ute jeden Abend mit langatmigen, dramatischen Erzählungen über ihren Alltag. Ute musste jeden Morgen um halb sieben aufstehen, um zur Arbeit zu gehen. Ohne Rücksicht darauf zu nehmen, rief Kerstin, selbst arbeitslos, immer dann an, wenn ihr danach war, und das konnte spät sein. Als sie wieder einmal gegen halb zwölf Uhr nachts anrief und Ute aus dem Schlaf holte, platze der gutmütigen Frühaufsteherin endlich der Kragen. Sie verbat sich ausdrücklich, dass Kerstin nach zehn Uhr abends anriefe. Ute zweifelte nicht einen Moment daran, dass sie sich klar und unmissverständlich ausgedrückt hatte. Kerstin heuchelte sogar noch Verständnis und zwang sich eine halb beleidigt klingende Entschuldigung heraus. Am darauf folgenden Abend klingelte das Telefon tatsächlich nicht. Ute war erleichtert – Kerstins Anrufe waren ihr wirklich zu viel gewesen. Doch das war nun ja gere-

gelt. Dachte sie. In der übernächsten Nacht klingelte das Telefon eine halbe Stunde nach Mitternacht. Ute sprang erschrocken aus dem Bett und griff nach dem Hörer. Sofort identifizierte sie die schluchzende und scheinbar in Tränen aufgelöste Kerstin. »Was ist los?« fragte Ute erschüttert. Es klang, als wäre ein Angehöriger verstorben. »Meine Mutter ist so gemein zu mir!« heulte Kerstin weiter. »Was ist los?« fragte Ute noch einmal, immer noch überzeugt, dass etwas Schreckliches passiert sein musste. »Sie hat mich zum Essen eingeladen und Königsberger Klopse gekocht. Sie weiß doch, dass ich die nicht mag.« Das Schluchzen ließ nach. Kerstin schnäuzte sich dramatisch die Nase und plapperte dann, fast schon wieder fröhlich, über den Besuch bei ihrer Mutter.

Ute war schockiert. Es dauerte Minuten, bis sie begriff, dass Kerstin einfach wieder zur Tagesordnung übergegangen war. Gerade erzählte sie eine lustige Geschichte, die sie im Supermarkt erlebt hatte, und lachte schallend darüber.

Ute konnte es nicht fassen. Es war überhaupt nichts los! Kerstin hatte lediglich überdramatisiert und ein paar künstliche Tränen vergossen – und damit ihren Willen durchgesetzt, nämlich anzurufen, wann es ihr passte.

Die Geschichte von Kerstin und Ute macht deutlich, dass der Egozentriker eine Art Exklusivität herstellt, die er dem Opfer nur solange gewährt, wie alles nach seinen Bedürfnissen ausgerichtet ist. Während mit der ersten Taktik – übertriebenes und falsches Lob – Abhängigkeit durch positive Aufmerksamkeit hergestellt wird, zwingt der Egozentriker das Opfer mit der zweiten Taktik durch negative Aufmerksamkeit in die Knie. Wohlgemerkt, es werden immer beide Techniken zur Abrichtung des »besten Freundes« benutzt. Zuckerbrot und Peitsche also!

Die negative Aufmerksamkeit löst beim Opfer Schuldgefühle und eine Art »Tötungshemmung« aus. Die Schuldgefühle werden dadurch hergestellt, dass sich der Egozentriker immer als unglaublich benachteiligtes Wesen verkauft, wodurch der Diener meint, für ausgleichende Gerechtigkeit sorgen zu müssen. Bei allem, was der Egozentriker im Gegensatz zum Opfer nicht hat, wird diese Schuldgefühl-Strategie ausgespielt. Durch die Überdramatisierung der vermeintlichen Nöte des Egozentrikers entsteht beim Opfer das Gefühl, es ginge ihm ja auch wirklich wesentlich besser, weshalb es geradezu verpflichtet sei, abzugeben. Auch Klagen und Weinen lösen bei instinktiv gesunden Menschen automatisch diese »Tötungshemmung« aus. Niemand wird einen hilflos am Boden Liegenden auch noch treten!

Bei Tieren ist diese über den Instinkt geregelte Hemmung besonders gut zu beobachten. Bietet ein Hund einem anderen Artgenossen die Kehle an, kann der Kontrahent, sofern seine Instinkte in Ordnung sind, nicht töten. Die totale Kapitulation und das Angebot zum finalen Biss lösen diese natürliche Tötungshemmung aus. Der Sinn ist, dass Revierkämpfe unter Artgenossen keine Todesopfer fordern, wodurch der Bestand der gesamten Art geschmälert und unter Umständen sogar gefährdet werden könnte.

Auch wir Menschen verfügen über eine angeborene Tötungshemmung. Wirft sich ein Mensch einem anderen mit offenen Armen ergeben zu Füßen und deutet dadurch an, dass er hilflos ausgeliefert ist, legt er seinen möglichen Tod ebenfalls in die Hände des überlegenen Artgenossen. Diese Geste der Unterwerfung wird bei jedem normalen Menschen die von Natur aus vorgegebene Tötungshemmung auslösen.

Genau auf diesen Instinkt zielt der Egozentiker mit Hilfe der permanenten Überdramatisierung seiner Erlebnisse: Die scheinbare Not wird verbal so übertrieben dargestellt, dass der Eindruck der totalen Kapitulation entsteht.

Ein haarsträubendes und perfides Spiel mit unseren Ur-Instinkten! Erst die Unterscheidung von Darstellungsweise und Fakten kann helfen, sich aus diesem ungesunden Kreislauf zu lösen. Wenn wir erkennen, dass gar kein Notfall vorliegt, der

Egozentriker also nicht hilflos ist, sondern nur unsere Gutmütigkeit und unsere Sippeninstinkte ausnutzt, können wir uns wehren. Es hilft, wie immer, nur eines gegen Egozentrik: Bewusstsein und Analyse der Fakten.

Lydia, eine wohlhabende Dame aus bester Gesellschaft, hatte eine »beste Freundin«. Claudia borgte sich ständig Schmuck oder schöne Kleider aus, mit der Begründung: »Wir sind ja wie Schwestern, du kannst auch alles von mir nehmen.« Wenn Lydia aber tatsächlich einmal etwas von Claudia leihen wollte, »vergaß« die »beste Freundin« bedauerlicherweise, es mitzubringen, oder es war gerade in der Reinigung. So wurde aus dem gegenseitigen »schwesterlichen« Ausleihen schnell, aber von Lydia fast unbemerkt, eine Einbahnstraße. Überflüssig zu sagen, dass die meisten der »geborgten« Gegenstände nie wieder ihren Weg zurück zur Eigentümerin fanden.

Die beiden »Freundinnen« trafen sich äußerst selten in Claudias kleiner Wohnung. Die ständig krankgeschriebene Sekretärin war hingegen fast Dauergast in Lydias schönem großen Haus. Die arme Claudia hatte es aber auch schwer! Wenn sie Kaffee trinken oder essen gingen, bezahlte Lydia, denn sie hatte ja viel mehr Geld, und unter Freundinnen macht man das schließlich so. Claudia brachte ihre Bedürfnisse so vor: »Ach, meine liebste beste Freundin, ich würde so gerne mit dir zu der Premiere ins Theater gehen. Zu dumm, dass ich kein Geld habe, ich würde dich so schrecklich gern einladen.« Lydia antwortete regelmäßig: »Aber das ist doch kein Problem, dann bezahle ich, das weißt du doch.« Claudia, nicht ungeschickt im Tarnen: »Das ist mir wirklich peinlich. Aber ich bin nun mal nicht so wohlhabend wie du. Sonst würde ich dich wirklich überschütten, meine Liebe.« Und Lydia ging, ganz geschmeichelt von dem Gefühl, dass ihre »beste Freundin« sie überschütten würde mit Geschenken, wenn sie nur könnte, die besten Karten kaufen.

Um ihrer »besten Freundin« das nächste Mal die Peinlichkeit zu ersparen, bot Lydia bald schon von vornherein an zu bezahlen. Sie wollte Claudia ja nicht wieder in Verlegenheit bringen! Und dabei blieb es natürlich. Claudia ging schließlich so weit, bei Dingen, die sie in Geschäften sah, ihre »beste Freundin« – wie ein Kind die Mutter – zu fragen: »Darf ich das haben?«

In einem teuren Restaurant, in das die beiden nach einer der nun zahlreichen Theaterpremieren gegangen waren, sah Claudia entzückt in die Karte:« Oh, Hummer, den habe ich aber lange nicht mehr gegessen! Darf ich?« Mit kindlichem Augenaufschlag versicherte sie sich der Einwilligung Lydias zur Übernahme der Rechnung.

Über das Bezahlen von Rechnungen und allerlei »Dauerleihgaben« hinaus hatte Lydia ihre »Freundin« auch in ihren Golfclub und in andere Kreise eingeführt, die Claudia sonst verschlossen geblieben wären. Claudia rief ständig an oder kam unangemeldet vorbei, ob Lydia nun mit ihren Kindern Hausaufgaben machte oder mit ihrem Mann einen gemütlichen Abend verbringen wollte. Immer und zu allen Zeiten drang Claudia in das Leben der Familie ein, um ihre persönlichen Klagen, Erlebnisse oder Wünsche vorzutragen. Dabei fragte sie nie nach Lydias Bedürfnissen. Das einleitende »Wie geht's dir, meine Liebe?« war eine hohle Floskel, und sie wartete nicht auf Antwort, sondern begann übergangslos mit der Schilderung ihrer vermeintlichen Sorgen.

Lydia ist eine gutmütige Frau mit einem großen Herzen für alle Benachteiligten, und genau auf diesen Punkt zielte Claudia permanent. Aber Lydia hatte trotz aller Leihgaben und Geschenke und obwohl Claudia bei ihr ein und aus gehen durfte immer noch ein viel besseres Leben als die »beste Freundin«. Es gab also noch mehr zu holen. Nun, auf manche Fischfänge warten Egozentriker gern ein paar Jahre. Als Lydia von einer schweren Krankheit befallen wurde, eilte Claudia sofort herbei: »Ach, du Arme, das tut mir leid. Schone dich!« Es folgte ein Bericht über eine alte, längst überwundene Krankheit, und

Claudia beendete ihre Selbstdarstellung mit: »Aber ich will dich jetzt nicht überanstrengen.« Bis zu diesem Punkt ein scheinbar normales Gespräch. Doch nun folgt der Schlussakkord: »Und mach' dir bitte keine Sorgen. Wenn dir etwas passieren sollte, übernehme ich gerne deinen Mann. Ich bin ja deine beste Freundin. Soll ich dich heute Abend auf dem Empfang vertreten und mit ihm hingehen? Du musst ja schließlich im Bett bleiben.«

Irgendwann kommt zum Glück jede egozentrische Absicht ans Licht – so auch hier. Als Lydia wieder alleine war, stand sie wie unter einem Schock. Die letzten Worte ihrer »Freundin« hingen noch in der Luft. Lydia begann nachzudenken. Endlich. Ihr fielen zahllose Gelegenheiten ein, bei denen andere – echte! – Freunde sie vorsichtig darauf hingewiesen hatten, dass Claudia sie nur ausnutzen würde. Sogar ihre eigenen, fast erwachsenen Kinder hatten schon einiges in dieser Richtung gesagt. Sie nahm sich fest vor, ihre Gaben zu reduzieren und dann zu sehen, was passieren würde.

Lydia erholte sich bald und nahm ihr gewohntes Leben wieder auf, überhörte aber die permanenten Aufforderungen ihrer »besten Freundin«, dies oder jenes bezahlen zu sollen. Auch lieh sie Claudia kaum noch etwas und wenn, dann bestand sie auf Rückgabe. Lydia war wach geworden und beobachtete Claudia mit Argusaugen. Claudia wurde daraufhin sichtlich verkrampft, und es fiel ihr schwer, weiterhin Freundschaft zu heucheln. Sie konnte sich nicht erklären, warum Lydia plötzlich so unspendabel war. Sie wartete eine Weile ab, ob sich die »Freundin« wieder beruhigen und so dienstbar wie früher sein würde, doch Lydia dachte nicht daran. Sie liebte ihren Mann über alles, und Claudias Ansinnen, ihn zu »übernehmen«, hatte ihr den heilsamen Schock versetzt. Scheinbar ganz zufällig lernte Claudia zu dieser Zeit einen Herrn aus dem Golfclub näher kennen, über den sie früher ständig gelästert hatte. Er war Witwer, hatte ein bescheidenes Haus und einen zwar nicht ganz so hohen Lebensstandard wie Lydia, der aber natürlich immer noch um einiges besser war als ihr eigener. Claudia begann eine Affäre mit ihm und zog kurze Zeit später bereits bei ihm ein. Dann nutzte sie eine Kleinigkeit, ein inszeniertes Missverständnis, um die »Freundschaft« mit Lydia zu beenden.

Claudia hatte sich mit ihrer »besten Freundin« für den Abend verabredet, kreuzte aber schon am Nachmittag auf, sehr wohl wissend, dass Lydia einkaufen gegangen war. Sie spielte die Beleidigte und zu Unrecht Versetzte und kreierte daraus ein »riesiges« Drama: Nie wieder würde sie sich melden, es sei eine Unverschämtheit, so behandelt zu werden. Zu guter Letzt beschwerte sie sich sogar bei Lydias Mann – ein letzter Versuch der Übernahme, sozusagen! Der Gatte zeigte sich aber nicht nur solidarisch mit seiner Frau, sondern war richtig erleichtert bei der Aussicht, die nervende Blutsaugerin endlich los zu werden. Er hatte, wie viele andere auch, jahrelang geschwiegen, um seiner Frau nicht die Freundschaft zu verderben.

Lydia musste nach diesem künstlichen Drama feststellen, dass sie als Freundin abserviert war. Noch heute meint Lydia, dass ihre Freundschaft zu Claudia hauptsächlich wegen des neuen Partners in die Brüche gegangen sei. In Wahrheit hatte Claudia natürlich richtig erkannt, dass Lydia nun aufgewacht war und ihr nicht mehr zu Diensten sein würde. Also brauchte sie die »beste Freundin« nicht mehr. Sie wählte den einsamen Witwer, nicht aus Zuneigung, sondern weil er leichte und schnelle Beute war. Und wer weiß, wen Claudia heute im Visier hat! Ein Egozentriker ist immer auf dem Sprung zur nächstbesseren Partie, sei es der Gatte oder die »beste Freundin«. Wer am meisten zu bieten hat, hat gewonnen – derjenige »darf« auserwählter »Diener« sein.

Claudia ist ein gutes Beispiel dafür, dass höfliche Fragen wie »Wie geht es dir?«, »Wie geht es deiner Familie?«, »Wie laufen die Geschäfte?« taktische Fragen sind, mit denen der andere eingewickelt wird. In den meisten Fällen handelt es sich nur um mehr oder weniger geschickte Einleitungen, um endlich allgemein über sich selbst zu sprechen oder die eigenen Bedürfnisse zur Sprache zu bringen. Längere Antworten werden unterbrochen. Ein Egozentriker kann anderen Menschen nicht lange zuhören – weil er generell nicht zuhört! Es interessiert ihn ganz einfach nicht, wie das Leben anderer Menschen verläuft. Nur wenn das Erzählte einen unverhofften Nutzeffekt darstellt, springen Egozentriker sofort auf die Gelegenheit an. Nichts bleibt unversucht, um das eigene Leben auf Kosten anderer zu verbessern. Und die Bedürfnisse eines Egozentrikers sind schier grenzenlos. Es kann immer noch ein bisschen mehr sein. Genug ist nie genug. Wie bei Claudia.

Es ist eine Illusion zu glauben, einen eingefleischten Egozentriker bekehren zu können. Es ist ebenfalls eine Illusion zu glauben, er empfinde heimlich, sozusagen versteckt, doch etwas für andere Menschen. Das sind fatale Fehlinterpretationen von mitfühlenden Menschen, die sich nicht vorstellen können, dass jemand wirklich so kalt ist. Es ist besser, sich nichts vorzumachen. Lässt man einen Egozentriker eine Weile sprechen, wird er schon sagen, warum er angerufen hat, zu Besuch gekommen ist oder gerade besonders »nett« ist. Und wenn es länger dauert, ist nur noch nicht das richtige Stichwort gefallen. Ein freundlicher Redeschwall sollte niemanden beeindrucken. Egozentriker gehen selten auf den Inhalt ein, sondern warten auf Stichworte. Dann fallen sie einem ins Wort und bringen ihr Anliegen vor.

Wenn man den Verdacht hat, es mit einem Egozentriker zu tun zu haben, hilft folgende Faustregel ganz gut:

Behalten Sie die Frage »Was will derjenige von mir?« im Hinterkopf.

Gibt es für jeden Anruf oder Besuch einen zwar in der Regel zunächst gut verpackten, aber dennoch früher oder später stets ausgesprochenen und daher erkennbaren Grund, der nichts mit Freundschaft oder Sympathie zu tun hat, sondern ausschließlich mit den Bedürfnissen des anderen, handelt es sich mit an Sicherheit grenzender Wahrscheinlichkeit um einen Egozentriker.

3. Mitleid als Masche

Besonders anfällig für die Mitleids- und Hilfebedürftigkeitsmasche sind – wie im Falle von Lydia – großherzige und starke Menschen. Von Natur aus haben gesunde Menschen, die über viel Kraft und eine hohe Leistungsfähigkeit verfügen, auch zugleich eine ausgeprägte soziale Ader. Hier greift das angeborene Schema: Der Stärkste ist auch immer zugleich der erste Diener seiner Sippe oder seines Rudels!

Daher ist es kein Zufall, dass besonders starke Menschen häufig einen oder gar mehrere Egozentriker im Schlepptau haben. Die Stärksten unter uns werden durch ihre sozialen Instinkte von Natur aus dazu getrieben, Schwächere zu schützen. Der Alpha-Wolf jagt stets auch für die jungen, schwachen und alten Rudelmitglieder und versorgt sie mit Futter – gemäß seinem ausgeprägten Brutpflege- und Schutzinstinkt.

Vermeintliche Hilfsbedürftigkeit oder psychische wie physische Schwäche lösen Versorgerinstinkte aus!

Der Versorgerinstinkt funktioniert allerdings bei allen gesunden Menschen, ob sie nun der Stärkste ihrer Gruppe oder einfaches Sippenmitglied sind.

Durch Unterwürfigkeitsgesten aktivieren die schwächeren Rudel- oder Sippenmitglieder den Versorger- und Schutzinstinkt des Leittieres, das diesem Trieb dann nicht widerstehen kann und tut, was seine Aufgabe ist: der Gruppe dienen! In der Natur sind die schwächeren Tiere jedoch keine bloßen Nassauer, sondern sie übernehmen anderweitige Aufgaben im Sozialverband, etwa die Aufzucht und Pflege der Jungen, woran sich der Anführer meistens nicht beteiligt.

Die frühere Großfamilie hatte eine identische Aufgabenverteilung: Die alten, kranken und schwachen Familienmitglieder wurden versorgt, passten aber im Gegenzug auf die Kleinkinder auf, versorgten diese und halfen im Haushalt. So diente im Grunde jeder jedem, in unterschiedlichen Bereichen.

Vor dem Hintergrund unseres angeborenen Instinktprogramms wird deutlich, warum ein Egozentriker mit der Mitleidsmasche arbeitet, und das leider fast immer erfolgreich. Er simuliert wohlkalkuliert Bedürftigkeit, also Schwäche, wodurch er bei gesunden Menschen die Schutz- und Versorgerinstinkte aktiviert. Als Scheinschwacher lässt er sich dann ungeniert vom »Rudel« versorgen.

Am liebsten unterstellt sich der Egozentriker allerdings unmittelbar dem Schutz des »Leittieres«. So kann ihm am wenigsten passieren und außerdem bekommt er dort am meisten. Der Starke kann sich nicht sofort wehren, weil seine Instinkte ihm im Wege stehen! Der Alpha-Wolf als Versorger des Rudels verfügt zudem über eine entscheidende Differenz in seinem Basisprogramm: Ein Alpha-Tier wird *niemals* einen Schwächeren aus der Gruppe verscheuchen, außer dieser versucht seine Führungsposition in Frage zu stellen und seine Privilegien zu okkupieren. Für das Alpha-Tier sind alle Rudelmitglieder schwächer als er! Deshalb stellt der scheinschwache Egozentriker keine Besonderheit für ihn dar. Diese instinktgeregelte Hemmbarriere ist deshalb sinnvoll, weil der Versorger und damit der Erhalter des Verbandes nicht gleichzeitig den Bestand gefährden darf, indem er entscheidet, wer vertrieben wird – diese Aufgaben würden sich widersprechen. Die Vertreibung Schwächerer, weil dem Rudel schadender Tiere, übernehmen in der Regel die dem Leittier unmittelbar untergeordneten Mitglieder. Sie sind es, die für soziale Ordnung innerhalb der Gruppe sorgen.

Diese Wegbeiß-Sperre hat auch der »Alpha-Mensch«, und diese Hemmung macht sich ein Egozentriker gezielt und mit fast bestialischen Folgen zunutze – bis zum Zusammenbruch wird sich der »Alpha-Mensch« für den scheinschwachen Egozentriker abmühen, nur, weil er nicht anders kann.

Etwas Vergleichbares geschieht in der Natur auch mit Singvögeln, die ein Kuckucksei ausbrüten. Nicht selten stirbt einer der kleinen Adoptiveltern vor Erschöpfung, weil die Fütterung des nimmersatten, übergroßen Kuckuck-Kükens schlicht über seine Kräfte geht. Auch die unfreiwilligen Adoptiveltern sind also Opfer ihres Brutpflegeinstinkts: Sie können aufgesperrten Schnäbeln und dem hilflosem Flügelschlagen des Jungvogels einfach nicht widerstehen.

Einen Egozentiker erkennen heißt also, das Kuckucksei auszumachen. Doch selbst dann wird die Vertreibung des scheinschwachen Egozentrikers für einen Alpha-Menschen das größte Hindernis sein. Das totale Einfrieren von Gaben und Hilfeleistungen hat sich dabei – siehe noch einmal die Geschichte von Lydia – besonders bewährt, da der Egozentiker dann in der Regel von selbst geht. Das direkte Vertreiben, was, wie gesehen, dem »Leittier« aufgrund seiner Instinkte verwehrt ist, wird so umgangen. Und Reisende soll man bekanntlich nicht aufhalten!

»Hast du mal eine Scheibe Brot für mich?« fragte Bettina mit leidendem Gesichtsausdruck. Es war nicht das erste Mal, dass Bettina mit hörbar knurrendem Magen auf dem Sofa ihrer Freundin Platz nahm. Die Arme! Natürlich eilte Mara in die Küche und holte Brot, Butter und Aufschnitt. Die beiden Freundinnen befanden sich zu der Zeit noch mitten im Studium, keine hatte viel Geld. Doch Bettina schien extrem arm dran zu sein. Mara wagte nie danach zu fragen, wie viel Geld Bettina von zu Hause bekam. Es musste schrecklich wenig sein! Jeden zweiten oder dritten Abend erschien Bettina bei Mara und fragte früher oder später nach einer Scheibe Brot – es könne auch trockenes Brot sein, sie wolle ja nicht viel.

Natürlich bekam Bettina immer etwas Anständiges zu essen. Im Laufe der Zeit bot Mara dann immer häufiger von sich aus etwas zu essen an, denn sie konnte die Freundin nicht hungern sehen. Manchmal lud sie die arme Bettina auch in eine Studentenkneipe ein und bezahlte für beide. Mara war zwar selbst auch knapp bei Kasse, kam aber immer so eben über die Runden, weil sie nebenbei jobbte.

Eines Tages, als Bettina genüsslich an ihrer zweiten Scheibe Wurstbrot kaute, platzte es aus ihr raus: »Du, Mara, ich muss dir unbedingt was erzählen! Ich bin so froh! Ich habe heute einen Profit von achttausend Mark gemacht! Stell dir vor! Ich habe gespart und mir vor kurzem Aktien im Wert von achtzehntausend Mark gekauft, und die sind so gestiegen. Ich habe sofort verkauft und neue gekauft, und die steigen jetzt auch schon! Mein Vater hat mir erklärt, wie das geht. Das ist toll! Dagegen ist es doch geradezu dämlich, zu arbeiten, findest du nicht?« Bettina nahm sich eine dritte Scheibe Brot und grinste zufrieden. Mara fand, es sei jetzt an der Zeit, mal nachzufragen, was ihre Freundin eigentlich von zu Hause bekam. Bettinas Vater war Bankdirektor und gab seiner Tochter monatlich dieselbe Summe, die Mara sich durch Jobs mühsam zusammenverdiente. Und die vielen Abende, die Bettina bei ihrer Familie zu Hause verbrachte, hatten nichts mit der Liebe zu ihren Eltern zu tun, sondern schlossen die Ernährungslücke zwischen den Abenden bei Mara. Bettina gab also fast nichts aus und war auf dem besten Weg, ein kleines Vermögen anzuhäufen – und das, ohne jemals gearbeitet zu haben!

Extremer Geiz? Unverfrorenheit? Ausnutzen von Freunden? Ja, auch das, aber der Kern dieses Verhaltens ist Egozentrik, denn Bettina fehlte die Fähigkeit, sich in andere Menschen hineinversetzen zu können. Sonst hätte sie bemerkt, wie sehr sie ihre »Freundin« mit der These »Arbeit ist doof« beleidigt hatte. Gut genug für ein paar kostenlose Brote war die »doofe Arbeitende« aber allemal!

Mara beendete wenig später die so genannte »Freundschaft«

mit ihrer Studienkollegin. Nach ihrem Examen zog Mara in eine andere Stadt, um dort eine vielversprechende Karriere zu beginnen. Einige Jahre später bekam sie einen Brief von Bettina, die eine gemeinsame Bekannte getroffen und sich Maras neue Adresse hatte geben lassen. Nach ein paar einleitenden Worten wie »Lange nicht gesehen« und »Was machst du jetzt eigentlich?« fand Mara in der Anlage einen Kettenbrief, deren Urheberin Bettina war. Sie hat also ihre Methode, auf Kosten anderer zu leben, ausgeweitet, dachte Mara verärgert. Sie warf den Kettenbrief unbeantwortet in den Müll. Mara hatte ihre Lektion in Sachen Egozentrik bereits gelernt.

Um Nahrung gebeten zu werden, ist vielleicht die härteste Probe, auf die unsere gesunden Instinkte und unser Gewissen gestellt werden können. Nahrung als Basis der Existenz kann kaum jemand von uns verweigern. Diese Mitleidstour zieht fast immer. Deshalb sind jene betrügerischen Bettler auch so erfolgreich gewesen, die vor Jahren unsere Innenstädte mit ihren rührseligen Schildern »Ich habe Hunger« pflasterten. Erst als die ersten von ihnen ein paar Straßen weiter mit hochkarätigen Limousinen gesichtet wurden, flog der Schwindel auf. Unserer zwanghaften Spendierfreudigkeit war erst einmal ein Ende gesetzt. Das Schlimme daran ist, dass die wahren Bedürftigen am meisten darunter leiden. Es lohnt sich also, im Zweifelsfall nachzuprüfen, ob der öffentlich Hungernde bloß ein Abzocker ist, bevor man gibt.

Scheinbar ständiges Unrecht – Die Steigerung der Mitleidsmasche

Absichtlich Mitleid zu erregen und sich selbst als vom Unrecht verfolgtes Opfer darzustellen, ist in erster Linie zweifellos makaber. Denn es sind ja die Egozentriker, die ihre Opfer zu bemitleidenswerten und ungerecht behandelten Menschen machen!

Die Mitleids- und Ungerechtigkeitsmasche beinhaltet wesentlich mehr als nur die Steigerung des Freundschaftsdienstes. Es wird gezielt und brutal an unser soziales Gewissen und an unseren Gerechtigkeitssinn appelliert, und das lässt uns spontan handeln. Wir reagieren, ohne vorher nachzudenken, und sind dabei meist nicht kleinlich, weil wir die vermeintliche Not auch wirklich lindern wollen. Und das ist dann unser persönliches Verhängnis.

Egozentriker gefallen sich sehr in der Rolle des ewig ungerecht Behandelten. Gebetsmühlenartig werden wieder und wieder pseudoleidvolle Geschichten wiederholt, über vermeintlich grausame Menschen, die den Egozentriker ungerechterweise verstoßen haben. Ist jemandem wirklich schweres Unrecht widerfahren, neigen die betroffenen Opfer in der Regel ebenfalls eine Zeit lang zu Wiederholungen, aber diese wahren Geschichten sind durch ihre grausamen Fakten dann so beeindruckend, dass wir verstehen, dass sie das Opfer eine Weile beschäftigen. Wir können in puncto Unrecht sehr gut unterscheiden, auch auf der Instinktebene, was wirklich furchtbar und was maßlos übertrieben ist.

Trägt ein Egozentriker seine theatralisch aufgebauschten Geschichten vor, genügt ein klarer Blick auf die Fakten, die im Verhältnis zur Darstellungsweise in keinem gesunden Verhältnis stehen. Es ist und bleibt kein lebenserschütterndes Unrecht, wenn ein Kaschmir-Pullover ausverkauft ist! Auch Geschichten, in denen ein ehemaliger Freund, ein Familienmitglied oder ein Arbeitskollege angeblich eine zerfleischende Bestie war, die sich ohne erkennbaren Grund auf den nur lieben, nur unschuldigen Egozentriker stürzte, klingen wenig glaubwürdig. Zum Glück!

Selbstverständlich gibt es jeden Tag hundertfach zugefügtes Unrecht. Von gesunden Menschen hören wir in solchen Fällen allerdings auch Formulierungen wie »Ich bin damit nicht klar gekommen«, »Ich konnte so nicht arbeiten«, »Ich habe mich anders benommen, aber es blieb gleich« – ein Indiz dafür, dass der Betroffene sich mit der Situation auseinander gesetzt hat und seine eigenen Schwächen sowie das, was er selbst zu der jeweiligen Situation beigetragen hat, erkennt. Wirklich grauenhafte Erlebnisse, die tatsächlich unschuldige Opfer getroffen haben, werden von den Opfern erstens ungern erzählt und zeichnen sich zweitens durch schlichte Sachlichkeit aus, weil derjenige intuitiv nicht erneut von den traumatischen Emotionen übermannt werden will.

Die dem Erlebten angemessene Wiedergabe beherrschen Egozentriker nicht!

Ein Egozentriker gesteht niemals eigene Fehler oder Irrtümer ein. Die Positionen sind stets sauber aufgeteilt: Schwarz und Weiß. Der Egozentriker ist dabei immer das arme Opfer.

Verständnis für einen anderen Standpunkt zu haben und selbst dennoch anderer Meinung zu sein, ist selbstverständlich ebenfalls absolut ausgeschlossen für einen Egozentriker. »Ich verstehe, was mein Chef meint, ich finde das Ziel sogar gut, aber ich glaube nicht, dass er die richtige Methode anwendet, um das auch wirklich durchzusetzen.« Komplexes Verständnis, die Auseinandersetzung mit der Position des anderen und eine potenziell selbstkritische Gegenposition – diese Konstruktion werden wir in keiner Darstellung eines Egozentrikers finden. Der Chef ist dort höchstens ein kompletter Idiot oder ein mieses Schwein, meistens schon allein deshalb, weil der auch noch tatsächlich Leistung fürs Gehalt verlangt und es nicht als freundliche Beigabe zum Taschengeld des Egozentrikers sieht.

An seiner Unrechtsmasche kann man einen Egozentriker also glücklicherweise recht leicht erkennen:

- In den ewigen Klagen der Egozentriker stehen die Fakten zu der Darstellungsweise in keinem realen Verhältnis.

- Es sind immer ausschließlich die anderen schuld.
- Die Kernstücke der Klagen sind immer verweigerte Sach- und Dienstleistungen oder Vorteile, die der Egozentriker jemandem partout nicht aus den Rippen leiern konnte.

Klagt der Egozentriker über einen früheren »besten Freund« oder »Liebespartner«, die eigenen Kinder oder Eltern, dann werden die Schilderungen des begangenen Scheinunrechts meistens noch mit vor Selbstmitleid triefenden Garnierungen dessen gespickt, was der Egozentriker alles für diese Person getan hat. Dabei waren das alles Dinge, die der Egozentriker eingesetzt hat, um a) diese Person damals zu ködern und b) sie zu beschwichtigen, wenn sie aufmüpfig wurde. Diese Scheinzugeständnisse sind es, die den Egozentriker in Wirklichkeit schmerzen. Nett gewesen zu sein, ohne dafür das anvisierte Objekt der Begierde bekommen zu haben, macht den Egozentriker rasend, auch noch Jahre danach! Das ist es, was er in Wahrheit als himmelschreiendes Unrecht empfindet.

»Dabei habe ich mich doch immer um unser Auto gekümmert, es gewaschen und gepflegt. Doch sie hat es behalten!« klagt ein Egozentriker über die Exfreundin – obwohl die arme Frau den Wagen höchstpersönlich voll und ganz bezahlt hat und seine Pflege sich aufs Tanken und gelegentliche Fahrten durch die Waschanlage beschränkte, selbstverständlich bezahlt vom Geld der Exfreundin, empfindet er es heute noch als himmelschreiendes Unrecht, dass er diese Beute nicht gemacht hat. Überflüssig zu erwähnen, dass dieser Egozentriker während der gesamten Dauer dieser Beziehung kaum gearbeitet und voll auf Kosten der Exfreundin gelebt hat. Ist es da nicht ungerecht, dass er ihr neues Auto, sein heiß begehrtes Spielzeug, mit dem er tagsüber immer durch die Gegend gefahren ist, als sie Geld verdienen ging, nicht mitnehmen durfte?

Alles, was für gesunde Menschen ganz normale Arbeitsteilung, gegenseitige Hilfeleistung oder Teilen innerhalb einer Partnerschaft bedeutet, stellen Egozentriker als unglaubliche

Opfergaben ihrerseits dar. Und diese verzerrte Sicht der Dinge macht sie glücklicherweise sehr auffällig und verdächtig.

4. Egozentrik und Krankheiten – Die äußerst raffinierte Unterform der Scheinschwäche

Das Spektrum der Krankheiten wird bei Egozentrikern wahrscheinlich ebenso breit gefächert sein wie bei allen anderen Menschen. Leider gibt es hierzu keine Statistiken, obwohl die Vermutung nahe liegt, dass es eine spezifische Häufung mancher Krankheitsbilder unter Egozentrikern gibt.

Ein wenig Licht ins Dunkel könnten hier Thorwald Dethlefsen und Rüdiger Dahlke bringen, die in ihrem Bestseller ›Krankheit als Weg‹ die These vertreten, dass körperliche Krankheiten eine Art seelischer Seismograph seien. Ein bestimmtes Krankheitsbild, so die Autoren, würde Rückschlüsse auf die spezielle Art des seelischen Ungleichgewichtes zulassen, das die eigentliche Ursache jeder Krankheit sei. So hätte beispielsweise ein Mensch mit Schnupfen von irgendeinem Umstand psychisch »die Nase voll«. Die Psyche wählt sozusagen eine bildliche Darstellung ihrer aktuellen Notlage, und zwar in Form einer diese symbolisierende Krankheit.

Da Egozentriker unter einer dauerhaften psychischen Störung leiden, die sogar bis auf die Ebene der Ur-Instinkte hinab reichen kann, müsste, nach Dethlefsen und Dahlke, jeder Egozentriker früher oder später auch körperlich erkranken, und zwar tendenziell chronisch.

Doch Vorsicht: Nicht jeder Kranke ist ein Egozentriker, und nicht jeder Egozentriker ist automatisch krank! Die Schwierigkeit liegt in der Genauigkeit. Denn die Psyche hat ja sozusagen nur ein begrenztes symbolisches Repertoire an körperlichen Möglichkeiten, um ein psychisches Problem auszudrücken.

So könnte ein Herzkranker zum Beispiel deshalb erkrankt sein, weil ihn jemand im Zentrum seiner Gefühle unüberwindbar tief verletzt hat. Ebenso gut könnte ein Egozentriker am Herzen erkranken, weil er so gefühlskalt und eben »herzlos« ist.

Ein Asthmakranker könnte in einer ihn bedrängenden Umgebung leben, wo ihm symbolisch die Luft zum Atmen genommen wird. Es könnte aber auch ein Egozentriker sein, der anderen die Luft nimmt und deshalb zu viel Luft für sich behält.

Die symbolischen Beziehungs- und Kontaktorgane sind die »paarigen« Organe, wie Lungen, Nieren, Eierstöcke und Hoden. Diese Organe könnten erkranken, weil ein Egozentriker sich grundsätzlich durch psychische Beziehungslosigkeit und Isolation auszeichnet. Andererseits können Erkrankungen an den Kontaktorganen des *Opfers* eines Egozentrikers auftreten, wenn es dem psychischen Druck der einseitigen »Beziehung« nicht mehr gewachsen ist.

Wir können leider (!) vom Krankheitsbild her keine sicheren Rückschlüsse auf eine etwa vorhandene Egozentrik ziehen. Wahrscheinlich beinhalten manche Krankheitsbilder eine stärkere egozentrische Komponente als andere. Doch die potenzielle Gefahr, durch eine Auflistung dieser möglichen »bevorzugten« Krankheiten versehentlich andere Menschen oder gar Opfer in Misskredit zu bringen, ist zu groß.

Falls jedoch schon einige *Belege* für egozentrisches Verhalten vorhanden sind und ein bestimmtes Krankheitsbild kommt hinzu, könnte die Beschreibung der psychischen Ursachen ein weiteres Indiz liefern.[4]

[4] Die Lektüre des Buches von Thorwald Dethlefsen und Rüdiger Dahlke lohnt sich in jedem Fall: ›Krankheit als Weg‹. Neuauflage, München 1992.

Außer Frage steht allerdings, dass Egozentriker Krankheiten als Druckmittel zu nutzen wissen! Eine Krankheit kann stets und zu jeder Zeit vom Egozentriker als Mittel zur Manipulation eingesetzt werden. Die Schutz- und Versorgerinstinkte der Opfer werden durch eine Krankheit noch stärker beansprucht. Ein Egozentriker kann seine Krankheit sogar bis zur persönlichen Tyrannei ausbauen. Familienmitglieder und Freunde werden, im Namen der Krankheit, oftmals direkt und ohne Umschweife herumkommandiert. Insofern kommen Krankheiten den Egozentrikern immer zupass, denn so können sie die Daumenschrauben noch etwas mehr anziehen. Jeder Versuch, sie auf ihre Faulheit oder Untätigkeit hinzuweisen, wird fortan mit dem Argument »Krankheit« abgeschmettert.

Da das erpresserische Versorgungsspiel mit einem Leiden meist so schön klappt, hat irgendwann jeder Egozentriker sein Wehwehchen, ob nun echt oder vorgeschoben.

Unsere Instinkte sichern dem kranken »Rudelmitglied« bequeme Pflegezeiten; zähneknirschend gehorchen wir für eine lange Zeit unserer instinktiven Sperre, diesen Nassauer »wegzubeißen«. Fatalerweise schieben wir viele unverschämte Verhaltensweisen auf das Leiden, denn Kranke sind nun mal eigenartig und quengelig. Paradiesische Zustände für Blutsauger!

Das Dilemma, in dem der Versorger eines erkrankten Egozentrikers steckt, ist, dass dieser einerseits tatsächlich krank ist, andererseits aber maßlos übertreibt.

Die Dramatisierung der Wehwehchen folgt demselben Muster wie die überzogene Darstellung von vermeintlich erlittenem Unrecht.

Mit Hilfe gesteigerter Bedürftigkeit werden häufig auch die Zuwendungen gesteigert. Neben der Dramatisierung seines

Leidens »erfindet« fast jeder Egozentriker auch die ständige Verfügbarkeit seiner Krankheit – was bedeutet, dass der Egozentriker seine Krankheit immer dann hat, wenn etwas von ihm verlangt wird. Dabei ist es für den Außenstehenden kaum möglich, zu erkennen, wann der Erpresser nun wirklich krank ist und wann er die Krankheit nur vortäuscht. Krank zu sein ermöglicht dem Egozentriker schließlich nicht nur, per Mitleidsmasche mehr aus seinem Opfer herauszuholen, sondern auch, sich lästigen Pflichten entziehen zu können.

Der doppelte Nutzen von Krankheiten hat zur Folge, dass wir unter Egozentrikern die meisten Hypochonder finden. Denn hat ein Egozentriker erst einmal begriffen, wie nett es sich als Kranker leben lässt, legt er sich schnell Scheinkrankheiten zu. Er simuliert, wohlkalkuliert, und wir fallen instinktsicher darauf herein.

Das Praktische an einer vorgetäuschten Krankheit ist, dass der Egozentriker sie nach Bedarf aktivieren kann. Verlangt ein ausgebeuteter »Partner« oder »Freund« endlich wütend eine Gegenleistung vom Egozentriker, kann dieser sich jederzeit durch seine spontan ausbrechende Scheinkrankheit entziehen, ohne dass man ihm daraus einen Vorwurf machen könnte.

Doch es gibt einen kleinen Trick, mit dem egozentrische Hypochonder entlarvt werden können: Zieht sich ein Egozentriker wieder einmal auf sein Krankenlager zurück, um Arbeit zu vermeiden, kann das betroffene Opfer den vermeintlich Kranken mit einer seiner Lieblingsaktivitäten locken, die ihm bei einer echten Erkrankung unmöglich wäre. Mit dieser Methode klappt es fast immer, die Krankheitslüge auffliegen zu lassen, weil ein Egozentriker der Aussicht auf Beute nicht widerstehen kann – außer er wittert die Falle. Deshalb sollte das Opfer sich alle Mühe geben, freundlich und überzeugend zu wirken.

Hat der hypochondrische Tyrann sich beispielsweise einen »anfälligen« Meniskus zugelegt, der ihn von aller Hausarbeit befreit, gleichzeitig geht er aber unheimlich gerne groß aus und vor allem tanzen, ist die Falle perfekt. Das Opfer braucht nur zu warten, bis der Egozentriker sich wieder schmerzverzerrt aufs Sofa legt und beim sauber machen zuguckt. Dann schlägt das Opfer zuckersüß vor, gleich ganz groß und teuer auszugehen – in die nächste Disco oder zum Tangoabend. Schwingt sich der Egozentriker dann begeistert vom Sofa, um sich schick zu machen, ist die Falle zugeschnappt.

Fadenscheinige Ausreden, um das seltsame und plötzliche Verschwinden von Zerrungen, Entzündungen oder Fieber zu erklären, sind glücklicherweise sachlich nicht überzeugend. Das kann einem Opfer helfen, den eigenen Bewusstseinsprozess zu beschleunigen und sich aus den Klauen des Egozentrikers zu befreien.

Groteske Formen nimmt die Krankheit als egozentrisches Druckmittel dann an, wenn das ausgelaugte Opfer selbst erkrankt. Der Egozentriker nimmt die Krankheit des »Dieners« nur als Störung im Rahmen seiner eigenen Bedürfnisbefriedigung zur Kenntnis, nicht als Anlass zur eigenen Hilfe. So wird ein Egozentriker mit verstauchtem Fuß weiterhin auf seiner Pflege bestehen, selbst wenn sein »Diener« gerade Magenbluten hat.

So bizarr die Konstellationen auch sein mögen, die Leiden und Bedürfnisse anderer interessieren den Egozentriker auch im Falle von Krankheiten nicht. Überspitzt gesagt, fragt ein Egozentriker sein abgerichtetes Opfer auf dessen Sterbebett nur deshalb nicht nach einer Tasse Tee, weil er sieht, dass das Opfer wohl nicht mehr aufstehen kann. Das ist für ihn aber noch lange kein Grund dazu überzugehen, sich um den Sterbenden zu kümmern, sondern vielmehr zu überlegen, wer ihm stattdessen seinen Tee bringen könnte.

5. Intrigen, Lügen, Betrug und Verdrehen der Tatsachen – das Grundrepertoire

Egozentriker haben keine Moral und halten sich nicht an gesellschaftliche Normen. Der einzige Maßstab ihres Handelns sind die eigenen Bedürfnisse, zu deren Erfüllung jedes Mittel recht ist. Das einzige, was Egozentriker von größeren Verbrechen abhält, ist das drohende Strafmaß, nicht die gesellschaftliche Moral oder gar Menschlichkeit. Alles jedoch, was sozusagen unbeschadet eingesetzt werden kann, um die eigene Gier nach mehr zu befriedigen, wird auch eingesetzt. Es gilt: Alles ist gut, was dem Egozentriker nicht schadet. Ob jemand anderes zu Schaden kommt, seelisch oder materiell, ist völlig unerheblich für den Ichzentrierten.

Dementsprechend gehören Lügen zur Grundausstattung jedes Egozentrikers. Je nachdem, was ein potentielles Opfer gefügig macht, wird angewandt. Lügen haben zudem den Vorteil, dass sie nicht strafbar sind. Wird ein Egozentriker beim Lügen ertappt, stört ihn das selbst wenig. Ist das Opfer deshalb wütend, wird eben eine andere rührselige Geschichte präsentiert. Frei nach dem Motto: »Was, du glaubst mir das nicht? Gut, dann lüge ich dir eben etwas anderes vor!«

Das bereits erwähnte Übertreiben und Dramatisieren von Ereignissen als eine besondere Form der Lüge gehört dabei zum Alltagsgeschäft des Egozentrikers. Insofern finden wir eigentlich nichts in den Erzählungen eines Egozentikers, was in irgendeiner Form wirklich wahr ist. Entweder ist es maßlos übertrieben, die Perspektive komplett verzerrt oder es ist sowieso erstunken und erlogen.

Eine weitere, ebenfalls gern angewandte Unterart der Lüge ist das Verdrehen von Tatsachen, genauer: die Umkehrung von Ursache und Wirkung. Der Egozentriker wird alle Vorfälle stets aus seiner, von aller Schuld freien, Perspektive schildern. Andere beteiligte Personen sind immer die Schuldigen. Das nimmt zuweilen bizarre Formen an. Es soll schon Egozentriker gegeben haben, die einen Fremden beschimpften, er habe ihnen seinen Fuß unter ihren Schuh geschoben. Die Realität, dass nämlich der Egozentriker schlicht und ergreifend jemandem auf den Fuß getreten war, ist für ihn ein kaum einnehmbarer Standpunkt.

Diese verdrehte Darstellungsweise macht es im allgemeinen schwer, den Inhalt egozentrischen Redens richtig zu bewerten. Wir sind es gewohnt, Mitmenschen im Prinzip erst einmal zu glauben. Zumindest vermuten wir hinter einer Erzählung nicht von vornherein eine komplette Verdrehung von Ursache und Wirkung. Die geschilderten Vorfälle sind schließlich tatsächlich zum angegebenen Zeitpunkt, am entsprechenden Ort und mit den angegebenen beteiligten Personen geschehen. Nur die Bewertung ist völlig verdreht.

Erst wenn ein gesunder Mensch dann gemeinsam mit einem Egozentriker eine Situation erlebt hat, wird er beim späteren Erzählen bemerken, dass an der Perspektive etwas nicht stimmt. An dieser Stelle sollte man sich nicht beirren lassen. Man hat nicht etwas verpasst oder ist einer kurzfristigen Bewusstseinstrübung zum Opfer gefallen. Es handelt sich lediglich um einen Egozentriker in Aktion, der das Geschehene aus seinem Ego-Universum heraus berichtet.

Auch das Intrigieren ist eine Fortsetzung des Lügens. Hier werden bewusst und absichtlich Falschmeldungen unter Kollegen oder Freunden verstreut, um einen Störfaktor – einen begabteren Mitbewerber zum Beispiel – aus dem Weg zu räumen. Egozentriker befinden sich ja nicht im Leistungswettbewerb wie andere Menschen, sondern im einsamen Kampf um die erstrebenswerte Trophäe. So gesehen ist Mobbing für einen Egozentriker noch nicht einmal etwas Besonderes – im Gegenteil, sich Verbündete zu suchen, um seine Interessen verstärkt durchsetzen zu können, erscheint ihm als der ganz normale Weg.

In diesem Zusammenhang ist es wohl nicht übertrieben zu

behaupten, dass die traurige Häufung von Intrigen und Mobbing in Firmen auf die Verbreitung von Egozentrik zurückzuführen ist. Die Methoden des Mobbings gehören eindeutig zum Grundrepertoire jedes Egozentrikers. Und deshalb heißt Mobbing und Intrigantentum zu bekämpfen eigentlich immer auch Egozentriker aufzuspüren und zu bekämpfen. Eine lohnenswerte Aufgabe! Denn das Problem ist heutzutage nur deshalb von größerer Bedeutung als früher, weil die Schar der Egozentriker in unserer Gesellschaft gestiegen ist.

Auch der Betrug, der eine Kombination aus vorgetäuschtem Kuhhandel und Lügen darstellt, gehört zum Grundrepertoire des Egozentrikers. Ungeniert brechen Egozentriker Verträge, bestellen ohne zu bezahlen und fälschen Unterlagen, vorzugsweise Testamente und Versicherungspolicen.

Betrügereien haben sich in unserer Gesellschaft rasant ausgebreitet. Dieser Zustand hat allerdings nur in zweiter Linie etwas mit dem wachsenden Heer an Egozentrikern zu tun, sondern vielmehr mit dem Umstand, dass viele Straftaten gar nicht erst zur Anzeige kommen oder wenn, dann als Kavaliersdelikte abgetan werden. Dabei finden wir Betrügereien von Egozentrikern mittlerweile in fast jedem gesellschaftlichen Zusammenhang. Jeder von uns sollte sich also aufraffen, Betrüger anzuzeigen und auf Gerechtigkeit zu bestehen, auch wenn es Umstände macht und unbequem ist. Der gekränkte Rückzug in die private Kuschelecke ist gefährlich, er schadet nicht nur dem Einzelnen, sondern der Gesellschaft insgesamt. Egozentrik wird nicht von alleine verschwinden, sie kann nur ausgegrenzt werden, und zwar als das, was sie ist: eine krankhafte, zerstörerische und zutiefst unsoziale Mutation, die wir nicht brauchen.

6. Das Endstadium der Egozentrik – die Zerstörung der Seele

Einen Preis hat die Zerstörung und Ausbeutung menschlicher Sozialzusammenhänge für den Egozentriker allerdings doch: ständige Unzufriedenheit, Ängste und Isolation. Die Natur duldet nun mal auf Dauer kein lebensfeindliches Verhalten, und die Ur-Instinkte schlagen zurück.

Der Egozentriker im Endstadium wird immer ungeduldiger und unruhiger, die psychische Störung eskaliert. Durch sein hektisches und abnormes Verhalten ist er in diesem Zustand leicht erkennbar und derart verhaltensauffällig, dass er nur schwer oder selten Opfer findet. Dennoch ist er nicht ungefährlich, denn oftmals hat er sich bis zu diesem Zeitpunkt in entscheidende gesellschaftliche Kreise eingeschlichen und kann dort viel Unheil anrichten.

Ein Egozentriker im Endstadium zeichnet sich durch folgende Lebenseinstellung und Verhaltensweisen aus:

- Lebensmotto: *Nach mir die Sintflut!* Weder im Umgang mit Menschen noch mit der Umwelt sind Züge von Verantwortung zu entdecken, noch nicht einmal geheuchelte Besorgnis. Der egozentrische Umgang mit allem, was den Menschen umgibt, kann nur noch als *Raubbau* bezeichnet werden.
- Das Endziel ist: *Nehmen ohne zu geben*. Der Egozentriker bringt nicht einmal mehr die Geduld zum Vortäuschen eines Kuhhandels auf. Er verlangt direkt und ohne Umschweife, was er will, und deutet keine Gegenleistung mehr an.
- *Immer der Erste sein bei allen Möglichkeiten*. Bei allen eventuellen Vorteilen oder sich ergebenden Möglichkeiten ist der Egozentriker sofort zur Stelle. Er treibt keine komplizierten Spielchen mehr, sondern schreit immer als erster: »Hier!« Gepflegtes Auftreten, eine stets gut gefüllte Kasse und einen überdurchschnittlich guten Job hat er sich bereits gesichert.

Bei anstehenden Beförderungen ist er trotzdem sofort zur Stelle und verlangt den neuen Job. Seine wichtigsten Worte sind jetzt: »Ich will!« Die schleimende Garnierung ist verschwunden, er ist überzeugt, dass auf jedem Podest nur für einen Platz ist – für ihn selbst.
- Der Egozentriker hat jetzt permanent *schlechte Laune*, selbst in Momenten des Beutemachens ist er eher gereizt.
- *Unzufriedenheit und grundlose Aggressivität* werden zum Normalzustand.
- *Isolation, Kontaktlosigkeit und Ablehnung von allen Seiten* suchen ihn jetzt heim.

Die ewige Hatz nach mehr hat dem Egozentriker, nach all den Jahren der Ausbeutung anderer, keine Zufriedenheit gebracht. Immer versprach die nächste Beute, das nächste Opfer, der nächste unrechtmäßig erworbene Besitz die ersehnte Zufriedenheit zu bringen – ein Gefühl, das sich jedoch stets nur für einen kurzen Moment eingestellt hat, um dann sofort wieder der ständigen Unzufriedenheit den Vortritt zu lassen. Mittlerweile weiß oder ahnt der Egozentriker, dass ihn auch der nächste Fischzug nicht glücklich machen wird, aber er kommt aus seinem gierigen Teufelskreis nicht mehr heraus, weil er nichts anderes kennt als Nehmen.

Der Verlust von Werten

So ist es schließlich der Verlust von Werten, der den Egozentriker am Ende selbst ereilt. Denn Werte stellen sich nur *innerhalb* eines intakten Sozialverbandes ein. Wer außerhalb jeder Gemeinschaft steht und statt Menschlichkeit und Toleranz nur den Tanz ums »goldene Ego« betreibt, der wird damit bestraft, dass die materiellen Dinge, die er im Laufe der Zeit angehäuft hat, ihre Bedeutung verlieren. Die Menschen, denen sie einmal gehörten, sind längst aus seinem Leben verschwunden und werden auch nie wiederkehren. Was ihm einst so wertvoll erschien, als er es noch nicht besaß, ist nun hohl und inhaltsleer geworden.

Der Egozentriker muss mit Bestürzung feststellen, dass die wahllose Anhäufung von Werten das Leben nicht wertvoll macht!

Für einen Egozentriker ist ein Leben ohne Werte allerdings am Ende auch wertlos! Der Egozentriker im Endstadium sieht deshalb keinen Sinn mehr in seinem Dasein, denn das Jagen hat seinen Reiz verloren. Er betreibt es nur noch andeutungsweise, aus purer Gewohnheit. Er weiß nichts mehr mit sich, seinem Besitz, seinem Leben anzufangen und geistert, wie eine Marionette, der man die Fäden abgeschnitten hat, beziehungslos umher.

Identitätsverlust

Der Ichkranke wird durch den sich akkumulierenden Werte- und Sinnverlust zu den Wurzeln seiner psychischen Störung geführt – zur fehlenden Entwicklung einer echten Persönlichkeit. Er weiß nicht, wer er ist, was er eigentlich mag oder nicht. Er findet keine sinnvolle und individuelle inhaltliche Orientierung in seinem Leben. Denn Persönlichkeitsbildung erfolgt immer innerhalb menschlicher Zusammenhänge und in der inneren Auseinandersetzung mit anderen Ichs. Das Universum des Egozentrikers ist dafür aber zu klein – es besteht ja nur aus ihm selbst.

Ein Mensch kann nur zu einer eigenen Identität gelangen, indem er sich mit anderen Menschen vergleicht, Unterschiede oder Gemeinsamkeiten feststellt. Orientierungslosigkeit und Identitätsverlust sind die Konsequenzen, wenn man nie echte Beziehungen zu anderen Menschen hatte. Wenn man nicht weiß, wie ein anderer Mensch denkt, fühlt oder handelt, weiß man auch nichts über sich selbst.

Der ehemals schnelle Vorteil wird nun zum Nachteil für den Egozentriker. Er weiß nichts über andere Menschen und deshalb auch nichts über sich selbst. Das grenzenlose teilnahmslose Ausnutzen anderer hat zum Verlust des eigenen Selbst geführt!

Einsamkeit und Isolation

Durch seine innere Beziehungslosigkeit zu anderen Menschen wird der Egozentriker im Endstadium einsam. Seine hektische, unausgeglichene Art wird die Isolation, in die er sich Stück für Stück selbst getrieben hat, beschleunigen.

Niemand wird ihm mehr Gefühle der Sympathie entgegenbringen, er wird gemieden. An dieser Stelle melden sich endlich, wenn auch sehr spät, unsere gesunden Instinkte zurück. Ein Egozentriker im Endstadium zeigt überdeutlich, dass er anormal ist, dass er ein krankes Wesen ist. Hier setzt die gesunde Sippenächtung ein. Niemand möchte so einen Menschen in seiner Gruppe, seinem Sozialverband haben. Es gibt nur so etwas wie erzwungene Duldung, beispielsweise in Arbeitsverbänden, wo es nicht möglich ist, den Egozentriker aus der Firma zu drängen. Wenn ein Egozentriker seinen abgerichteten »Diener« geheiratet hat – und diese Ehe schon einige Jahre besteht –, dann wird der Ichkranke zwar ebenfalls immer unausstehlicher, aber er wird den »Diener« um jeden Preis halten wollen, weil sich nämlich vermutlich kaum noch Ersatz finden ließe. Alle gesunden Mitmenschen, die sich ihm irgendwie entziehen können, werden so wenig Kontakt wie möglich zu dem Gestörten halten.

Am Anfang dieses Zustandes wird der Egozentriker noch überheblich sein, er wiegt sich in der Sicherheit, dass sich schon irgendwo neue Opfer finden werden – wie sonst auch. Doch durch seine mürrische, offen unverschämte Art wird er kaum noch Anschluss finden. Die Isolation nimmt zu, und sein Benehmen wird immer asozialer. Die innere Unruhe wird immer größer, und fahrig versucht sich der Jäger noch intensiver mit seinen aufkommenden körperlichen Störungen zu beschäftigen. Schlaflosigkeit, Nervosität, nervöse Verdauungsstörungen sind nur der Anfang. Jede Art von Krankheit oder Zipperlein wird nun vom Egozentriker gehegt und gepflegt, als wäre sie ein Stück Identität. Angst und Nervosität werden zum Dauerzustand und können bis zum Verfolgungswahn eskalieren. Weil das Ausbeuten anderer sich als sinnlos erwiesen hat, da es keine Zufriedenheit bringt, wird nun anderen unterstellt, sie wollten dem Egozentriker etwas wegnehmen.

Ängste und innere Erstarrung

Ein Leben gegen die Instinkte kostet irgendwann die Achtung der Mitmenschen und am Ende sogar die Selbstachtung! Als Ausgestoßener empfindet ein Egozentriker ständig Angst, ist unruhig und fühlt sich verfolgt. Wie ein alter, angeschlagener Wolf, der weiß, dass er alleine keinen Angriff mehr abwehren kann. Die Instinkte schlagen zurück und bescheren dem Egozentriker das gefährliche und angsterfüllte Dasein als Außenseiter.

Es ist seltsam, dass dieser Teil der Gruppeninstinkte doch noch oder vielleicht wieder funktioniert, aber er tut es. Der Instinkt für Gefahr wird zum bestimmenden Teil des einsamen Universums des Egozentrikers.

Ohne den Schutz eines intakten sozialen Umfeldes wächst die Angst, angegriffen zu werden. Nachts wird die Unruhe größer, denn wer allein ist, kann sich schlafend nicht wehren. Im Endstadium scheint es fast so, als würden sich die gesunden Instinkte zurückmelden. Es scheint so, als wüsste der Egozentriker, dass er sich im Laufe seines Lebens nur Feinde geschaffen hat, die vielleicht nur auf die Gelegenheit warten, sich zu rächen. Der Verfolgungswahn und die nächtliche Unruhe sind für den Egozentriker allerdings äußerst diffus. Es könnte jedoch sein, dass unsere Ur-Instinkte nicht dulden, dass jemand ein Leben lang gegen sie lebt – weshalb sie dem Egozentriker am Ende signalisieren, dass er schutzlos ausgeliefert ist.

Die Angst frisst sich schließlich immer tiefer in die Psyche. Manche Egozentriker verlassen dann ungern das Haus. Sie schließen sich ein, in ihrem goldenen Käfig, dessen einziger Gefangener sie nun selbst geworden sind.

Ein neues Lebensgefühl, herbeigeführt durch neue innere Entwicklungen, ist ausgeschlossen für Egozentriker, sie erstarren in ihrer Isolation und zunehmender Angst. Wer ein Leben lang verbrannte Erde hinterlassen hat, kann nie dorthin zurück, wo er einmal war. Im Endstadium neigen Egozentriker deshalb dazu, sich auf der Straße misstrauisch umzusehen, vermutlich aus Angst davor, einem alten Bekannten zu begegnen. Das ist keine verdeckte Form von schlechtem Gewissen, sondern die Rache der Instinkte. Wer nur Feinde hat, sollte auch vorsichtig sein: Es gibt niemanden, der einen Ausgestoßenen schützen würde.

Selbstzerstörung

All diese Mechanismen, die letztlich zur Selbstzerstörung der egozentrischen Psyche führen, sollten uns nicht zu falschem Mitleid verleiten. Die meisten Egozentriker haben Schlimmes angerichtet, und ihre permanente Angst im Endstadium ist im Verhältnis zu manch einer von ihnen angerichteten Zerstörung fast harmlos.

Das schließlich eintretende selbstzerstörerische Verhalten sollte uns zudem nicht zu der fatalen Schlussfolgerung verleiten, dass man ja dann nur zu warten brauche, bis sich ein Egozentriker gegen sich selbst richtet, damit der Spuk ein Ende habe. Denn auf ihrem langen Weg dorthin reißen Egozentriker unzählige Menschen ins Unglück, verhindern gesellschaftliche Weiterentwicklung und soziales Miteinander. Egozentriker reißen klaffende Wunden in gesunde Familien, funktionierende Gemeinschaften und harmonische Teams, wobei sie ständig andere neu infizieren. Bei einer Grippewelle warten wir auch nicht darauf, bis sich die Viren ausgetobt haben und Tausende von Toten dabei auf der Strecke geblieben sind, sondern wir nehmen Medikamente, schützen uns, lassen uns vielleicht sogar impfen und versuchen die Infektionswelle zu stoppen. Ebenso aufmerksam sollten wir uns gegenüber dem »Virus« der Egozentrik verhalten. Durch die Ausbildung eines Bewusstseins für diese Ichstörung haben wir sozusagen unser Aspirin genommen. Wir brauchen keine Egozentrik-Welle, die unsere Gesellschaft zerstört. Deshalb sollten wir auch nicht darauf warten, bis sich die Egozentrik im Endstadium befindet: Bis dahin wird es nichts mehr auf dieser Welt geben, was lebenswert ist.

7. Stereotype Charakteristika eines Egozentrikers

- Das eigene Ich als Zentrum der Welt
- Unfähigkeit, andere Personen zu verstehen und andere Egos als solche wahrzunehmen

- Die Welt, das Umfeld, die Menschen und die Dinge sind nur dazu da, dem Egozentriker zu Diensten zu sein.
- Die eigenen Maßstäbe sind die einzigen Maßstäbe auf der Welt.
- Kein allgemein verbindlicher Gemeinschafts- und Gerechtigkeitssinn
- Absolute Rücksichtslosigkeit gegenüber anderen; Kommen und Gehen, wann es dem Egozentriker passt
- Einseitiges Verdrehen von Tatsachen sowie Lügen, Betrügen
- Überdramatisierung der eigenen Sorgen, Nöte und Bedürfnisse
- Ständiges Darstellen der eigenen Person als »Opfer« ungerechter Behandlung, dadurch nach Mitleid und Hilfe heischend
- Pausenloses Reden über sich selbst, ständige Propaganda für sich selbst
- Überheblichkeit und Arroganz anderen gegenüber
- Selbstverherrlichung bis zur Selbstvergötterung
- Reizbarkeit, Überaktivität, Nervosität
- Sozialneid

8. Typisches Verhalten eines Egozentrikers

- Schnelles Schließen von »Freundschaften«, »Beziehungen«, schnelles Herstellen von »Vertraulichkeit«
- Isolation der Opfer, andere schlecht machen
- Abrichten der Opfer als permanente Helfer
- Instrumentalisieren von »Freunden« für Hilfsdienste (ohne Gegenleistung) und als Fundus für jede Art von Besitz
- Benutzen aller Verbindungen der »Freunde«
- Leihgaben werden konsequent nicht zurückgegeben.
- »Freunden« wird die Verantwortung für das Wohlergehen des Egozentrikers übertragen.

- Sofortiger Wechsel von einer »Freundschaft« zur nächsten oder einer »Beziehung« zur nächsten, wenn dort mehr zu holen ist
- Keine alten Freunde; häufig ist der Egozentriker auch mit seiner Familie zerstritten (d. h. es ist kein festes eigenes soziales Umfeld vorhanden)
- Kein soziales Verhalten (asozial)
- Keine Hilfe oder Unterstützung von »Freunden« oder Familienmitgliedern ohne Erwartung überdimensionaler Gegenleistung; gleichzeitig wird die eigene »großartige« Hilfeleistung über alle Maßen herausgestellt (»Was habe ich nicht alles für dich getan!«)

TEIL III

Die Opfer der Egozentriker

1. Opfer kann jeder werden

Opfer eines Egozentikers kann nicht nur jeder Einzelne von uns werden, sondern auch soziale Gruppen wie Familien, Freundeskreise und Arbeitsgemeinschaften. Die verheerenden Spuren egozentischen Raubbaus ziehen sich bereits durch unsere gesamte Gesellschaft – ein Zustand, den wir nur gemeinsam ändern können.

Egozentriker suchen sich allerdings bevorzugt individuelle Opfer, die sie aus der schützenden Gruppe herauslösen, isolieren und abrichten. Opfer ist aber auch, wer einfach nur beiseite geschubst wurde, weil ein Egozentriker gerade den Posten vor seiner Nase haben wollte. Es sind nicht nur die »besten Freunde« oder »Liebespartner« des Egozentrikers unmittelbare Opfer, sondern jeder, der durch ihn einen Schaden erlitten hat.

Es gibt einige Faktoren, die das Erkennen und Ausgrenzen von Egozentrikern erschweren und dadurch die Gefahr, Opfer zu werden, erhöhen.

Das Schweigen der Opfer und fehlendes Gruppengefühl

Das größte Problem im Kampf gegen die sich ausbreitende Egozentrik besteht zur Zeit darin, dass die Opfer nicht darüber sprechen, dass sie ausgenutzt worden sind. Es wird als peinlich oder sogar als persönliche Schwäche empfunden, einem Egozentriker auf den Leim gegangen zu sein. Eine mögliche Erklärung hierfür könnte vielleicht die gestörte Gruppendynamik in unserer heutigen Gesellschaft sein. Die instinktiv so wichtige Zugehörigkeit zu einem Sippenverband ist kaum noch gewährleistet, weshalb der Einzelne kein grundsätzliches Gefühl von Rückhalt mehr kennt. Hinzu kommt ein vor allem durch die Medien suggeriertes Ideal von Perfektionismus. Jeder von uns soll plötzlich alles können, alles sein: schön, attraktiv, gesund, erfolgreich. Das entspricht aber weder unseren tatsächlichen Möglichkeiten noch unserem Instinktprogramm, das von einer Aufgabenteilung innerhalb eines Sozialverbandes ausgeht, in dem jeder seinen Platz, seine Aufgaben und Stärken hat und nicht jeder alles weiß, kann und tut. Diese Verunsicherung im Selbstbild und im ungewissen Gruppengefüge macht es uns schwer, offen über erlittene Schäden zu sprechen.

Trotz dieser Barrieren sollten wir uns aber eines klar machen:

Das Schweigen der Nicht-Egozentriker garantiert die Verbreitung von Egozentrik!

Fehleinschätzung per Instinkt

Ein weiteres Hindernis auf dem Weg zur offenen Thematisierung von Egozentrik ist eine nur allzu menschliche Fehleinschätzung. Unbewusst wissen wir, dass wir alle mit denselben Instinkten ausgestattet sind, eine Tatsache, die den Kern bildet zu Aussagen wie: *Alle Menschen sind gleich.*

Im Alltag verlassen wir uns darauf, dass diese Instinkte unser Zusammenleben schon regeln werden – was sie im Allgemeinen auch tun. Wir kommen nicht auf die Idee, dass jemand tatsächlich andere oder gar gestörte Instinkte hat! Insofern reagieren wir auf abnormes Verhalten zwar mit Verwunderung oder Wut, unternehmen aber nichts dagegen. Unserer Einschätzung nach handelt es sich ja entweder nur um eine Wahrnehmungsstörung unsererseits oder einen einmaligen Fehltritt des anderen. Deshalb verlassen wir uns darauf, dass sich schon alles wieder regeln wird – von alleine, per Instinktprogramm. Und genau das ist der schwerwiegende Irrtum.

Merken wir nämlich, dass sich nichts mehr von alleine regelt, sind wir so verunsichert, dass wir erst einmal uns selbst in Frage stellen. Bin ich nun verkehrt oder der andere? Das Schleudertrauma, das unsere Instinkte in so einem Moment durchmachen, gleicht einem Schockzustand, so als würde ein einzelner Spatz in einem Schwarm grunzen statt singen. Die anderen Spatzen würden vor Erstaunen erst einmal verstummen, weil sie die Andersartigkeit nicht einsortieren könnten. Es gibt keine nachvollziehbare Erklärung dafür. Erst, wenn ein Spatz sich wieder traut, lauthals zu singen, werden die anderen einstimmen und den Außenseiter vertreiben. Dieser Vergleich zeigt uns, dass wir, nach einer kurzen Schrecksekunde, sofort wieder auf unsere Instinkte zurückgreifen und lauthals »Alarm!« rufen sollten. Mit anderen Worten: Das offene Gespräch mit anderen ist die Rettung.

Dennoch bleibt es schwierig für uns, tatsächlich zur Kenntnis zu nehmen, dass eine Instinktstörung vorliegt. Wir neigen dazu, Erklärungen für ein Fehlverhalten zunächst innerhalb der Instinkte zu suchen. So nehmen wir beispielsweise in der Regel an, dass *bestimmt alles nicht so gemeint ist, wie es scheint*. Wir versuchen also, das vermeintliche Missverständnis aufzuklären – und scheitern.

Wenn dann endlich feststeht, dass jemand bewusst und absichtlich so unverschämt ist, stellt sich endlich so etwas wie Empörung bei uns ein. Wir wenden uns wütend an den Störenfried und versuchen, mit allgemein verbindlichen Verhaltensnormen wie »So etwas tut man nicht!« und ähnlichen hilflosen Formulierungen an ihn heranzukommen. Mit egozentrischen Antworten wie »Wieso?« oder auch »Ich tue, was mir passt!« können wir einfach nichts anfangen. Es ist schwer, mit Ur-Instinkten zu argumentieren.

Da der Appell an das menschliche Instinktprogramm scheitert, versuchen wir es stattdessen mit hartnäckigen Änderungsappellen. Wir fordern den Egozentriker sozusagen auf, endlich auf die Basis der allgemein verbindlichen Instinkte zurückzukehren. Natürlich ist auch das vergeblich.

Zeigt ein Egozentriker in dieser Phase Ansätze von gesundem Verhalten, sind wir so erleichtert, dass wir leider auch besonders freigebig sind. Auf diese Weise verschaffen sich Egozentriker all die kleinen Vorteile, die ihre Umgebung so zu bieten hat.

Die Erkenntnis, ausgetrickst worden zu sein, kommt meist zu spät.

Mit all unseren instinktiv gesunden Reaktionen auf egozentrisches Verhalten vergeuden wir nur Zeit und Energie, ändern tun wir nichts. Dennoch ist es schwer, diesen Weg nicht zu gehen, außer wir haben schon vorher ein Bewusstsein für Egozentrik entwickelt. Dann sind wir bereit und können ausgrenzen.

Ein wichtiges Hilfsmittel, mit dem man den Bewusstseinsprozess beschleunigen kann, ist folgender Gedanke: Jeder von uns leistet etwas, um leben zu können. Jeder von uns ist in der Lage, sich selbst zu versorgen. Kranke, Alte und Kinder natürlich ausgenommen, aber sie werden anderweitig versorgt, entweder in Familien oder gesellschaftlichen Institutionen.

Diese Fähigkeit zur Selbstversorgung sollte so etwas wie ein Leitfaden beim Aufspüren von Egozentrik werden. Denn wer vorgibt, als gesunder Erwachsener nicht alleine für sich sorgen zu können, wer also kindliche Schemata vorgaukelt, bei dem ist etwas faul! Wer Anspruch erhebt, ohne Gründe, die an seiner Leistung orientiert sind, bevorzugt zu werden, bei dem ist etwas faul!

2. Wie aus Opfern Täter werden

Leider wächst auch die Zahl der sekundären Egozentriker in unserer Gesellschaft. Nicht immer haben sie sich diese Verhaltensstörung aus purer Gemeinheit angeeignet, häufig sind es ehemalige Opfer. Wem beispielsweise zum dritten Mal eine Beförderung entgeht, weil ein dreister Egozentriker sich vorgedrängt hat, ohne qualifizierter zu sein, dem schlägt das sicher langfristig aufs Gemüt. Irgendwann kommt so ein Opfer auf die wütende Idee, dass er ja der Blöde ist, wenn er sich anständig verhält. In blinder Wut beschließt das Opfer, es den Tätern gleichzutun. Wer immer nur Schaden aus seinem fairen und mitmenschlichen Verhalten zieht, fragt sich irgendwann, ob es überhaupt noch einen Sinn macht.

Die Ansteckungsgefahr Nummer eins lautet: »Dann drehe ich den Spieß einfach um!«

Diese Neu-Egozentriker sind am Anfang noch leicht zu kurieren, wissen sie ja noch allzu gut, wie verletzt sie als Opfer waren. Doch hat so ein zum Täter gewordenes Opfer erst einmal einige Gewinne eingesteckt, wird es schwieriger. Die egozentrische Masche beginnt sich richtig zu lohnen, alle anderen springen erschrocken zur Seite, und der Weg zu allen Vorteilen ist frei. Schnell sind die Erfahrungen als Opfer vergessen, und die wütende Kehrtwende wird zur inneren Überzeugung.

Doch Wut und Verbitterung bleiben hinter der Maske des Erfolgs erhalten. Der Verlust des Gruppenrückhalts wird vom eigentlich gesunden Neutäter bald als schmerzlich empfunden. Egozentrik macht einsam und isoliert, jedenfalls nach einer Weile. Dennoch kehren diese sekundären Egozentriker selten von alleine auf den Pfad der Tugend zurück. Es bedarf schon sehr viel Druck von außen.

3. Co-Egozentriker

Unter all den zufälligen Opfern von Egozentrikern sind Co-Egozentiker ganz besondere Opfer. So wie ein trinkender Elternteil seine Kinder zu potenziellen oder Co-Alkoholikern macht, gibt es auch für die Egozentrik das passende ungesunde Gegenstück: den Co-Egozentriker. Diese Menschen sind nicht nur besonders empfänglich für Ausnutzung, sie sind fatalerweise sogar darauf programmiert.

Kommen wir noch einmal auf den soeben gezogenen Vergleich zurück, dann kann man feststellen, dass egozentrische Eltern im Gegensatz zu Alkoholikern ihren Sprösslingen sehr selten ihre eigene Störung vererben oder anerziehen, während die Prägung zum Co-Egozentriker überaus häufig vorkommt, was für die Betroffenen äußerst schmerzhaft ist.

Co-Egozentriker brauchen das stützende soziale Umfeld mehr als andere. Sie zeichnen sich, ähnlich wie Co-Alkoholiker, aus durch:

- schwaches Selbstbewusstsein
- Härte gegen sich selbst, kombiniert mit einer hohen Leidensfähigkeit
- die Überzeugung, nur für Gegenleistungen akzeptiert oder gar geliebt zu werden
- das Bedürfnis, gebraucht zu werden
- das starke Verlangen, andere zu ihrem Besseren zu verändern
- das Bedürfnis, Kontrolle auszuüben und dadurch Verantwortung für das Handeln anderer zu übernehmen

Übertriebene Bescheidenheit und eine Hilfsbereitschaft über die eigenen Möglichkeiten hinaus machen Co-Egozentriker zu perfekten Opfern. Das Geben ohne Gegenwehr ist bei ihnen leider keine persönliche Marotte, sondern ein gezieltes Programm. Wenn andere Menschen schon längst die Hände über dem Kopf zusammenschlagen, weil sich ein Co-Egozentriker immer noch weiter ausnehmen lässt, wird es dieser freigebige Zeitgenosse vermutlich noch nicht einmal bemerken.

Meistens reagiert das soziale Umfeld allerdings auf fatale Weise falsch. Statt sich kopfschüttelnd von dem Ausgenutzten abzuwenden, sollten ihm Solidarität und klärende Gespräche angeboten werden. Denn nicht der »dumme« Co-Egozentriker ist zu meiden, sondern der ihn ausnutzende Egozentriker!

Die Prägung von Co-Egozentrikern

Kinder von Egozentrikern werden fast ausnahmslos zu Co-Egozentrikern, denn ihr Selbstwertgefühl wird permanent klein gehalten. Es kommt diesen Kindern ganz »natürlich« vor, dass sie für jede noch so kleine Zuwendung »bezahlen« müssen – sie kennen es nicht anders!

Dafür, dass Kinder von Egozentrikern selbst selten zu Egozentrikern werden, gibt es eine einfache Erklärung: Egozentrische Eltern brauchen keine Konkurrenz beim Nehmen, sie brauchen nur Menschen um sich herum, die geben. Die ganze »Erziehung« hat nur ein Ziel: die Kinder zu Gebern zu machen. Wie praktisch für den Rest des elterlichen Lebens: ein selbst gezüchteter Dienstbote und Goldesel!

Wenn Erziehung zur Abrichtung und Manipulation für die eigenen Bedürfnisse verkommt, handelt es sich um eine Art von seelischem Missbrauch!

Egozentrische Eltern missbrauchen ihren Erziehungsauftrag, um aus ihren Kindern die Marionetten zu machen, die sie für ihre Bedürfnisse benötigen. Mit der Geburt eines Kindes ergibt sich für sie die einmalige Chance, ein Wesen zu besitzen, dass ihnen restlos ausgeliefert ist und nicht vor ihnen flüchten kann. So können sie in dieses hilflose Wesen all das hinein programmieren, was sie selbst benötigen. Diese Kinder wachsen mit riesigen Schuldgefühlen auf, mit tiefer Traurigkeit und so gut wie keinem Selbstwertgefühl. Mit dem stummen Schrei nach Liebe werden diese Kinder hinter ihren Eltern herlaufen und versuchen, es ihnen recht zu machen. Doch was immer sie auch leisten, eines werden diese Kinder nie bekommen: Liebe. Denn Liebe haben Egozentriker nicht zu vergeben. Zuneigung haben Egozentriker nur für einen einzigen Menschen auf der ganzen Welt: für sich selbst.

Kinder von Egozentrikern werden bald, aus Mangel an Liebe, alles tun, um die Aufmerksamkeit ihrer Eltern zu erringen. Das Verhalten dieser von Geburt an vernachlässigten Kinder richtet sich ausschließlich darauf, den Eltern alles recht zu machen. Da der gewünschte Effekt, nämlich liebevolle Aufmerksamkeit, ausbleibt, entlädt sich dieser Mangel an Beachtung häufig während der Pubertät: Wenn die Heranwachsenden Dinge tun, über die sich ihre Eltern aufregen, dann ist das ebenfalls ein Gewinn für die geschundene Seele. Auch negative Aufmerksamkeit ist schließlich Aufmerksamkeit!

Tragischerweise nützt allerdings auch die hartnäckigste Revolte gegen egozentrische Eltern nichts. Wie bei allen anderen Menschen auch, wenden sich Egozentriker schnell von ihren Kindern ab, sobald diese sich nicht mehr als nützlich erweisen. Es geht ihnen ja nicht um eine liebevolle Familie, sondern um den Nutzeffekt.

Zeitweilig revoltierende Kinder sind egozentrischen Eltern gleichgültig. Fatalerweise gilt das auch für gehorsame Kinder. Mehr oder weniger, früher oder später, werden Kinder von Egozentrikern versuchen, alles zu apportieren, was ihre Eltern wünschen, bekommen sie wenigsten dann für einen kurzen Moment das, was sie so heiß ersehen: Aufmerksamkeit. Doch sobald das Kind das Leistungsziel erreicht hat, wird es wieder zurückgeschoben in die Gleichgültigkeit. Es wird für den Moment nicht mehr gebraucht.

Gleichgültigkeit ist die schlimmste Folter, die eine menschliche Seele erleiden kann.

Liebe und Hass sind Gefühle, die mit einer Kenntnisnahme des anderen verbunden sind. Aber Gleichgültigkeit ist so, als wäre das Individuum überhaupt nicht vorhanden. Bei allen Folterspezialisten der Geschichte stand das Ignorieren einer Person hoch im Kurs – nicht umsonst! Denn man kann die Seele eines Menschen kaum vernichtender treffen und damit letztlich gefügiger machen, als wenn man so tut, als würde dieser Mensch gar nicht existieren.

Egozentrische Eltern wenden diese Foltermethode erstaunlicherweise noch nicht einmal absichtlich an. Sie sind tatsächlich gleichgültig ihren Kindern gegenüber. Nur wer nützlich ist, kann mit kleinsten Portionen von Aufmerksamkeit rechnen. Diese Behandlung zermürbt die Kinder, noch bevor sie erwachsen sind. Kein Wunder, dass diese armen Menschen später alles tun, um bemerkt zu werden.

Kinder von Egozentrikern machen irgendwann alles für jede Beziehung, die nach Liebe und Aufmerksamkeit aussieht.

Da diese Kinder wirkliche Liebe nie erlebt haben und sie deshalb als Verhaltensmuster nicht kennen, finden sie sich mit dem ab, was sie kennen: kurzes Lob für halsbrecherische Leistungen.

Deshalb heiratet ein Co-Egozentriker auch häufig einen Egozentriker und dient ihm mit allem, was er hat. Dabei sind sie zwar unglücklich, glauben aber, dass das Leben und die Liebe nun mal so sind. Sie kennen es ja nicht anders!

Schamhafter Schutz für die Täter verhindert die gesunde »Sippenächtung«

Co-Egozentriker tun fatalerweise alles dafür, damit der Egozentriker unentdeckt bleibt – ähnlich wie der Co-Alkoholiker, der durch sein ständiges Beschwichtigen und Herunterspielen ebenfalls dafür sorgt, dass der Alkoholiker lange Zeit im Verborgenen weiter trinken kann.

Das Opfer eines Egozentrikers vertuscht seine Beziehung aus zweierlei Gründen:

- Dem Co-Egozentriker ist das Verhalten »seines« Egozentrikers gegenüber der Außenwelt peinlich.
- Der Co-Egozentriker versucht, die Verhaltensstörung vor sich selbst zu verbergen: er will sie nicht wahrhaben, er will nicht hinsehen.

Durch den schamhaften Schutz des Egozentrikers wird dieser leider auch oft genug von anderen Menschen nicht erkannt. Der Co-Egozentriker hat viele gut klingende Entschuldigungen für das abnorme Verhalten seines Blutsaugers zu bieten und sorgt durch sein beschwichtigendes Verhalten dafür, dass der Egozentriker nur als »schwierig« gilt, nicht aber als gestört. Die instinktiv gesunde Gruppenächtung wird so verhindert.

Andere Familienmitglieder, Freunde oder Kollegen haben vielleicht inzwischen schon gemerkt, dass beim Egozentriker grundlegend etwas nicht stimmt. Doch das Opfer betont immer wieder, wie nett der Egozentriker doch eigentlich im Kern seines Wesens ist. »Er meint es nicht so!«, »Er kann sich nicht so ausdrücken!«, »Er ist eben schwierig« sind die Schutzargumente. Da der Co-Egozentriker allgemein als sehr sozial, hilfsbereit und nett eingestuft wird, glauben ihm die anderen Gruppenmitglieder und registrieren den Egozentriker eben als »schwierigen Fall«.

Dieser Irrtum ist äußerst gefährlich, da die Gaben für den Egozentriker nun aus Rücksicht auf das liebenswerte Opfer gemacht werden. Dem Egozentriker werden Vorteile verschafft, damit sein Opfer nicht so leiden muss. So kann sich ein Egozentriker sehr lange Zeit inmitten eines Sozialgefüges verstecken, immer hinter dem Rücken des weichherzigen Co-Egozentrikers.

Wo fängt Co-Egozentrik an?

Festzustellen, ob man einfach nur das zufällige Opfer eines Egozentrikers geworden ist oder ob das eigene Verhalten in den Bereich der Co-Egozentrik fällt, ist eine wichtige und schwierige Unterscheidung. Selbst wenn man schon mehrmals auf Egozentriker hereingefallen und von ihnen ausgenutzt worden ist, muss dies nicht sofort ein Zeichen für Co-Egozentrik sein. Aber es könnte.

Eine sinnvolle Suche nach potentiellen Spuren von Co-Egozentrik in der eigenen Psyche beginnt bei den Eltern: bei ihren Reaktionen und typischen Verhaltensmustern. Es mag zuerst schwierig erscheinen, die folgenden Fragen ohne Wenn oder Aber zu beantworten. Entschuldigungen wie »Ja, meine Mutter redet schon hauptsächlich von sich, aber sie ist ja auch alt« (oder krank oder allein) schleichen sich häufig ein. In diesem kleinen Test sollte wirklich nur das tatsächliche Verhalten der Eltern beurteilt werden, denn Egozentriker haben immer einen ganzen Haufen guter Gründe, warum sie wichtiger sind als andere. Abgesehen von Ausnahmezuständen wie akuten Notlagen oder Schicksalsschlägen, geht es darum festzustellen, welche auf Dauer typischen Dialoge und Verhaltensweisen zwischen Kindern und Eltern stattfinden, um damit das bereits seit der Kindheit existierende *eigene* typische Verhaltensmuster zu erkennen.

Was sind die häufigsten Gesprächsinhalte ?

- Die Probleme, Sorgen, Ängste und Krankheiten der Eltern oder die der Kinder?
- Die Erfolge und Ziele der Eltern oder die der Kinder?
- Über welche Person wird deutlich überwiegend gesprochen? (Vorsicht, auch Monologe darüber, wie ungerecht, unverschämt, undankbar dieser oder jener Mensch den Eltern gegenüber war oder ist, sind letztlich mit dem zentralen Thema »Eltern« zu bewerten!)
- Geben die Eltern den Umständen und/oder anderen Leuten ständig die Schuld daran, dass ihr eigenes Leben nicht besser ist als es ist? (Und das gilt ohne Ausnahme. Formulierungen wie »Ich hätte es besser machen können«, »Ich habe Fehler gemacht« oder ähnliche kommen dabei nicht vor.)
- Jammern die Eltern ständig oder viel über alles erdenklich Mögliche in ihrem Leben, obwohl sie es mindestens so gut haben wie die meisten ihrer Bekannten?

Welche allgemeine Haltung haben die Eltern zu ihren Kindern?

- Freuen sich die Eltern, wenn die Kinder selbst glücklich sind, auch wenn die Kinder sich an Dingen freuen oder Hobbys haben, die den Eltern nichts bedeuten?
- Werden häufig, versteckt oder direkt, Vorwürfe gemacht, dass die Kinder nicht das aus ihrem Leben gemacht haben, was die Eltern wollten?
- Fallen Geschenke an die Eltern immer größer aus als die Geschenke der Eltern an die Kinder (bei vergleichbarer Einkommenslage)?
- Werden direkte oder versteckte Andeutungen gemacht, was die Eltern alles benötigen und steht dahinter die Aufforderung und Erwartung, dass die Kinder diese Wünsche erfüllen? (Dies wird oft als Pflichtgefühl empfunden.)
- Fühlen sich die Kinder für das Glück und Wohlergehen der Eltern verantwortlich?

- Werden ständig Vergleiche gezogen zwischen den Geschwistern und/oder anderen Bekannten und Verwandten, wobei es letztlich immer darum geht, dass irgendjemand irgendwann etwas besser gemacht hat als die eigenen Kinder? (Als Folge davon gehen die Kinder nach Besuchen bei den Eltern immer mit Schuldgefühlen und Unwohlsein nach Hause.)
- Fühlen sich die Kinder nach Besuchen bei den Eltern immer schlechter als vorher? Aus irgendeinem Grund sind sie dann matt, niedergeschlagen, erschöpft, die gute Laune ist weg und die eigene Kraftreserve ist niedriger als vorher.

Wenn mehr als drei Fragen mit »Ja« oder »Eltern« beantwortet werden, ist es ratsam, über das Vorhandensein einer potenziellen Egozentrik der Eltern und einer daraus folgenden potenziellen Co-Egozentrik der Kinder nachzudenken.

Dieser Bewusstseinsprozess kann schmerzhaft sein, ernüchternd, aber auch unglaublich befreiend. Das eigene Selbstbild kann sich dadurch komplett verändern. Vielleicht stellen die Kinder fest, dass sie im Grunde überhaupt keine Versager sind, dass sie gute Stellungen haben, fleißig und sogar liebenswert sind, dass es eigentlich gar keinen Grund dafür gibt, dass sie sich ständig wie totale Nieten fühlen. Und genau das ist der Anfang eines befreienden Gesundungsprozesses!

Co-Egozentrik ist nichts, was man hinnehmen sollte oder muss. Es ist ebenfalls ein Irrglaube anzunehmen, Co-Egozentrik schade nicht. Sie ist eine ernst zu nehmende Fehlfunktion der Psyche, die unweigerlich in die Selbstzerstörung führen kann. Am Ende bleibt der Co-Egozentriker immer ausgelaugt, kraftlos, krank und allein auf der Strecke. Der Weg in den Abgrund ist schleichend, er ist eine abschüssige Bahn nach unten, die bald keine Zeit mehr für Erholungsphasen lässt.

Ein extremes Beispiel, wohin Co-Egozentrik führen kann, macht vielleicht die Tragweite dieser ungesunden Selbstaufopferung deutlich.

Josef arbeitete mit Begeisterung als Sanitäter für das Rote Kreuz. Es machte ihm Freude, anderen helfen zu können, auch wenn ihm die seelische Belastung durch die Not und das Leid der Verletzten oft zu schaffen machte. Doch den Hilfsbedürftigen ging es schließlich schlechter als ihm, und so sprach er nicht viel über die Bilder des Grauens, die er in seinem Berufsalltag zu sehen bekam.

Josef sehnte sich nach einer eigenen Familie, da er selbst nicht viel Nestwärme genossen hatte, und heiratete relativ früh. Seine Frau kam aus einer zerrütteten Familie und hatte, bis sie volljährig wurde, in einem Heim gelebt. Sie wirkte so schutzbedürftig auf Josef, und er verliebte sich sofort in sie. Als Josef bemerkte, dass seine Frau, trotz zahlreicher Gespräche, immer mehr ausgab, als er verdiente, besorgte er sich einen zweiten Job. Seine Frau wollte nicht arbeiten, sondern sich um den Haushalt kümmern, was sie nach einigen Monaten allerdings einstellte, um während Josefs Arbeitszeit Männerbekanntschaften zu machen, von denen er natürlich lange Zeit nichts wusste.

Josefs Mutter verdiente als Bedienung in einer Gastwirtschaft angeblich wenig, und als ihre Waschmaschine kaputt ging, kaufte Josef ihr eine neue und einen Trockner dazu. Bald darauf ängstigte sich seine Mutter, dass vielleicht ihr alter Kühlschrank nicht mehr lange halten würde, woraufhin Josef ihr zu Weihnachten nicht nur einen neuen Kühlschrank kaufte, sondern noch einen Staubsauger dazu. Einige Zeit später brachte er auf die Klagen seiner Mutter hin eine neue Stereoanlage und einen Fernseher vorbei.

Josef fand in dieser Zeit einen dritten Job, den er auf den bisher noch freien Sonntag legen konnte. Doch weder seine Frau noch seine Mutter waren in irgendeiner Form dankbar, im Gegenteil, sie beschimpften Josef als Versager, machten sich sogar oft über ihn lustig. Niemand schenkte ihm einmal etwas Aufmerksamkeit oder Zuwendung.

Josef zog es zwar in Erwägung, sich scheiden zu lassen, als er zum ersten Mal von den Seitensprüngen seiner Frau erfuhr, doch sie drohte mit Selbstmord, an dem er dann schuld sei, wie sie ihm vorhielt. Seine Mutter wollte ihn nicht wieder vorübergehend in ihrer Dreizimmerwohnung aufnehmen; sie hätte nicht genug Platz.

So machte Josef noch viele Jahre weiter. Die Schulden wuchsen, da seine Frau nicht aufhörte, bei Versandhäusern Unmengen zu bestellen. Schließlich erkrankte er schwer an Krebs. Erst wurde er krank geschrieben, dann war er Frührentner und verbrachte viel Zeit zu Hause – alleine, denn seine Frau führte ihr Leben so fort, wie sie es gewohnt war. Josef machte sauber und versorgte sich so gut es ging. Sein Krankheitszustand verschlechterte sich rapide. Trotzdem rief er jeden zweiten Tag bei seiner Mutter an, um sich zu erkundigen, wie es ihr ginge. Seine Mutter war eine rüstige Dame Anfang Achtzig, und Josef ging allmählich auf die Fünfzig zu. Alles sah so aus, als würde seine Mutter ihn um Jahre überleben.

Ein Telefongespräch zwischen Josef und seiner Mutter:

Josef: *»Hallo Mutti! Ich bin froh, deine Stimme zu hören. Ich hatte heute Nacht wieder solche Schmerzen, trotz der Medikamente. Ich hatte Angst, den Morgen nicht mehr zu erleben.«*

Mutter: *»Ach, das geht auch wieder vorbei! Und wie geht es dir sonst?«*

Josef: *»Schlecht!«*

Mutter: *»Ach, mir geht es auch schlecht! Mein Rücken tut mir so weh. Und es kümmert sich ja auch keiner um mich!«*

Josef: *»Aber Mutti, ich rufe dich doch fast jeden zweiten Tag an, mein Bruder kommt jedes Wochenende zu Besuch und vorgestern war dein Enkel doch auch bei dir!«*

Mutter (leidend, fast weinerlich): *»Ach, das kommt mal vor, aber oft ruft mich den ganzen Tag über niemand an!«*

Josef: *»Mutti, das stimmt nicht. Wir kümmern uns alle um dich!«*

Mutter: *»Ich komme ja auch so zurecht. Ich brauche niemanden. Au! Mein Rücken!«*

Josef: »*Was ist denn mit deinem Rücken?*«

Mutter (seufzt tief): »*Das tut weh, als wäre da was verspannt, fast wie Muskelkater. Furchtbar, sage ich dir. Aber was soll's, ich bin eben alt und lebe bestimmt nicht mehr lange.*«

Josef (besorgt): »*Was hast du denn gestern gemacht?*«

Mutter: »*Ich war zum Kegeln! Meine Güte, war ich in Form. Ich habe sogar die Jüngeren besiegt. Toll war das!*«

(Sie erzählt im Detail, was sie alles geschafft hat und wie toll sie war. Dabei ist sie vergnügt und aufgekratzt).

Josef (erleichtert): »*Ah, dann ist es also tatsächlich Muskelkater. Das ist ja nichts Schlimmes!*«

Mutter (jammernd): »*Na ja, vielleicht. Aber ach, das ist alles der Verschleiß. Die alten Knochen!*«

Josef: »*Ich habe solche Schmerzen. Das ist wirklich nicht auszuhalten.*«

Mutter: »*Das ist nur das Wetter! Dieser trübe Himmel macht mich auch ganz nervös. Ich mag diese grauen Tage nicht. Aber was soll man machen. Ich habe kein Geld, um in den Urlaub zu fahren. Und mich lädt ja auch niemand ein!*«

Josef: »*Ich muss mich jetzt hinlegen. Mutti, ich liebe dich.*«

Mutter (vorwurfsvoll): »*Du kannst ja auch ruhig mal wieder vorbeikommen. Ich sehe dich so selten!*«

Überflüssig zu sagen, dass Josef kaum das Haus verlassen konnte. Und ebenfalls überflüssig zu sagen, dass seine Mutter jeden Tag spazieren und einkaufen ging. Aber Josef besuchte sie kaum noch, seit er nicht mehr arbeitete und deshalb wenig Geld hatte.

Wenn Züge dieser Verhaltensstruktur bei den eigenen Eltern oder in der eigenen Familie zu finden sind, ist es höchste Zeit, mit dem Bewusstseinsprozess für die eigene Co-Egozentrik zu beginnen.

Hilfe für Co-Egozentriker

Wer Probleme hat, sich aus der Opferrolle zu lösen und sich trotz besseren Wissens immer wieder ausnutzen lässt, sollte eine Therapie in Erwägung ziehen und/oder eine Selbsthilfegruppe gründen. Menschen, die unbegründete Schuldgefühle und ein extrem niedriges Selbstbewusstsein haben und die sich daher oft bereitwillig ausnutzen lassen, stammen fast immer aus egozentrischen Familien.

Die Strukturen des Co-Egozentrikers, die in der Kindheit angelegt wurden, können nicht immer alleine überwunden werden. Der Mangel an Liebe in der Kindheit und die darauf basierenden Verletzungen der Seele im Erwachsenenalter sollten durch Bewusstseinsbildung verarbeitet werden. Es ist keine Schande, den eigenen Problemen ins Auge zu sehen.

Wer die Strukturen eines Co-Egozentrikers bei sich entdeckt, sollte sich Folgendes vor Augen halten:

Es ist besser, sich einmal im Leben selbst helfen zu lassen, als lebenslang Helfer für Leute zu sein, die nichts anderes im Sinn haben als den eigenen Vorteil!

Die Neigung (und Fähigkeit!), anderen zu helfen, sollte durch eine Therapie oder Selbsthilfegruppe natürlich nicht komplett abgeschafft werden. Das Training hat den Sinn, unterscheiden zu lernen: Wer braucht meine Hilfe wirklich und wer nutzt mich nur aus? In einem nächsten Schritt sollte dann das Abwägen geübt werden: Kann ich zur Zeit helfen oder sind meine eigenen Probleme so groß, dass ich eher selbst Hilfe brauchen könnte?

Grenzen ziehen, abwägen und unterscheiden können sind die Grundlagen für ein verändertes Verhalten, das zu einem gesunden Miteinander führt.

Da sich das gesellschaftliche Bewusstsein für Egozentrik erst noch entwickeln muss, existiert derzeit noch kein funktionierendes Netz von Selbsthilfegruppen für Co-Egozentriker. Diese Gruppen können aber aufgebaut werden.

Es wäre sinnvoll, Selbsthilfegruppen für Co-Egozentriker von einem Psychologen oder einer Psychologin betreuen zu lassen, da unbedingt verhindert werden sollte, dass sich ein Egozentriker einschleicht, der auf diese Weise eine ganze Gruppe von dienstbaren Geistern für seine Zwecke nutzt!

Die gegenseitige Hilfe in einer neuen Gruppe sollte sich außerdem strikt an die folgende Regel halten: Die Mitglieder helfen sich ausschließlich durch offene Gespräche, gegenseitige moralische Unterstützung, freundliches Miteinander und Lob für die individuellen Fortschritte. Es sollte *absolut tabu* sein, mit Geld, Sachwerten oder Dienstleistungen zu helfen, damit nicht aus Co-Egozentrikern Egozentriker werden. Denn:

In einer Selbsthilfegruppe geht es darum, das ungesunde Wechselspiel zwischen Egozentrik und Co-Egozentrik zu durchbrechen und schließlich zu verlassen. Es geht nicht darum, die Seiten zu wechseln!

Zwei gute Gründe, die eigene Co-Egozentrik zu heilen

Für Außenstehende liegen die Gründe, warum ein Co-Egozentriker sich von seinem Zwang, hilfreich zu sein, heilen lassen sollte, auf der Hand: Die zerstörerische Ausbeutung muss gestoppt und Egozentrikern Einhalt geboten werden. Für den Co-Egozentriker selbst liegen die Dinge leider nicht so einfach auf der Hand, da es ihm aufgrund seines niedrigen Selbstbewusstseins und der anerzogenen Vernachlässigung der eigenen Person schwerfällt, sich in einem konkreten Fall zu wehren und echte von falscher Hilfsbedürftigkeit zu unterscheiden.

Wesentlich leichter zugänglich sind Co-Egozentriker für Argumente, die sich auf andere Menschen als auf sie selbst beziehen:

1. *Co-Egozentriker sichern den Fortbestand der Egozentrik im Allgemeinen!* Unbeabsichtigt, aber dennoch. Mit anderen Worten: Durch ihre Co-Egozentrik schaden sie nicht nur sich selbst, sondern auch anderen Menschen. Durch das schamhafte Verharmlosen der Raffgier »seines« Egozentrikers sorgt ein Co-Egozentriker dafür, dass andere Personen sich in ihrer Einschätzung dem Egozentriker gegenüber irren und so ebenfalls zu potenziellen Opfern werden.
2. *Co-Egozentriker laufen Gefahr, dass sie ihre eigenen Kinder zu Egozentrikern machen!* Ein Co-Egozentriker wird auf die kleinsten Bedürfnisse seiner Sprösslinge sofort reagieren und alles herbeischleppen, was verlangt wird. So lernen die Kinder schnell, dass sie nur mit den Fingern zu schnippen brauchen, und schon rennt jemand los, um ihnen ihre Wünsche zu erfüllen. Wird Kindern anerzogen, dass man auf diese bequeme Art durchs Leben kommen kann, ohne selbst etwas tun zu müssen, dann hat das fatale Folgen auf unsere Gesellschaft: Die Kinder werden wieder zu Egozentrikern! Und zwar zu *primären* Egozentrikern!

Sich von der eigenen Co-Egozentrik zu befreien ist also nicht ausschließlich ein persönliches Problem, sondern absolut notwendig für ein gesundes gesellschaftliches Miteinander und die normale Entwicklung der eigenen Kinder.

4. Sekundäre Co-Egozentriker

Wie im Falle der Egozentrik wird auch bei der Co-Egozentrik zwischen primärer und sekundärer Variante unterschieden. Wer schon als Kind zum Diener abgerichtet wurde, ist ein primärer Co-Egozentriker und kann sich kaum vorstellen zu leben, ohne für andere nützlich zu sein.

Ein sekundärer Co-Egozentriker hat diese Verhaltensprägung hingegen erst als Erwachsener erworben. Diese Menschen leiden aus verschiedenen Gründen unter einem zeitweise verminderten Selbstbewusstsein: vielleicht waren sie für eine längere Zeit allein oder haben eine Art Mauerblümchen-Dasein geführt. Das kann viele Ursachen haben, die manchmal etwas mit der Kindheit zu tun haben, manchmal auch nicht; häufig handelt es sich sogar um eine ganz normale Phase, die fast alle von uns im Laufe unseres Lebens ein- oder mehrmals durchlaufen. Kein Mensch fühlt sich immer nur gut und stark, irgendwann ist jeder von uns mal unzufrieden. Starke seelische Wunden infolge eines kürzlich erlittenen Schicksalsschlages – wie etwa eine Trennung oder der Tod eines geliebten Menschen – schwächen uns, machen uns traurig und damit akut anfällig für Egozentriker. Ebenso bergen Schüchternheit und Unsicherheit die potentielle Gefahr in sich, dass die plötzliche Aufmerksamkeit süchtig und abhängig macht.

Sich all diese vorübergehenden Gefühle von Schwäche zunutze zu machen, gehört zum zentralen Know-how der egozentrischen Jagdtechnik. Erwischt ein Egozentriker einen derart geschwächten Menschen, hat er leichtes Spiel. Vor allem als »Freund« oder »Liebespartner« wird das Opfer später schwer für die anfangs so angenehme Aufmerksamkeit durch den Egozentriker bezahlen.

Selbst wenn sich das Opfer aus einer solchen »Freundschaft« oder »Beziehung« lösen kann, bleibt es noch lange anfällig für Egozentrik – denn an seinem Schwächezustand hat sich ja durch die Trennung zunächst nichts geändert, ganz im Gegenteil: das Selbstbewusstsein ist womöglich an seinem Tiefpunkt angekommen. Der nächste Egozentriker hat also ein ebenso leichtes Spiel wie der ichsüchtige Vorgänger, da das Opfer die Strukturen und Mechanismen des egozentrischen Aussaugens sozusagen noch immer im Blut hat: Er braucht nur übertriebenes Verständnis und extreme Empörung zu heucheln sowie die jeweiligen Ex-Partner zu Dämonen hochzustilisieren und zu Feinden Nummer eins zu erklären – gemeinsame Sündenböcke verbinden bekanntlich –, und schon wiegt sich das Opfer in der fatalen Sicherheit, einen »ja so ganz anderen Menschen« gefunden zu haben.

Das Spiel geht also von vorne los! Zum zweiten oder gar dritten Mal Opfer geworden zu sein, ist schließlich nur noch sehr schwer unbeschadet zu verarbeiten. Das Selbstbewusstsein des Opfers ist irgendwann zerstört, Aufmerksamkeit scheint es nur noch für Gegenleistung zu geben. Hat sich diese Weltsicht erst einmal in die Psyche eingeschlichen, kippt das Opfer in die sekundäre Co-Egozentrik – es hat sich damit abgefunden, für »Freundschaft« oder »Liebe« bezahlen zu müssen.

Natürlich gibt es bei dieser Entwicklung viele Varianten und Grauzonen. Ein Trauma in der Pubertät, eine zeitweilig unaufmerksame Mutter in der Kindheit und viele kleinere Störungen im Leben können diese Fehlentwicklung außerdem begünstigen.

Sekundäre Co-Egozentriker haben gegenüber den primären jedoch einen gravierenden Vorteil: Es gab einmal Zeiten in ihrem Leben, zu denen sie wussten, was echte Freundschaft oder Liebe beinhalten sollte. Dieses Wissen ist eine wertvolle Hilfe, um aus der sekundären Co-Egozentrik wieder herauszukommen. Die Rückbesinnung auf die Vorstellungen und Werte, die man früher mit zwischenmenschlichen Beziehungen verbunden hatte, kann helfen, sich diese wieder als Ziele für die Zukunft zu setzen. Der Weg aus der Sucht, einem Egozentriker zu dienen, kann also wie folgt aussehen:

- Besinnung auf alte Freunde und angenehme Familienmitglieder. Menschen, die erwiesenermaßen in der Vergangenheit gut zu uns waren, können am besten dabei helfen, uns wieder aufzurichten. Gerade, wenn man angeschlagen ist, sollte man sich in eine bekannte Gruppe begeben, um sich zu erholen.
- Zufällig auftauchende neue Bekannte, die uns umgarnen, obwohl wir uns an einem seelischen Tiefpunkt befinden, sollten uns zunächst einmal suspekt erscheinen. Das heißt nicht, dass man sich von neuen Menschen grundsätzlich fern halten sollte, jedoch ist eine gesunde Distanz angebracht. Wer wirklich nett ist, hat Verständnis dafür, dass man erst einmal mit sich selbst klar kommen muss.
- Neue Bekannte, die uns trotz unserer Distanzierung bedrängen, sind besonders gefährlich.
- Jeder sollte sich bewusst machen, dass man in einem psychischen Tief nicht über die normale Wahrnehmungsfähigkeit verfügt. Ebenso wie die rosa Brille der Verliebtheit lässt uns die graue Brille der Trübsal nicht ganz klar erkennen, mit wem wir es eigentlich zu tun haben. Wichtige Entscheidungen – wie Heirat, Zusammenleben, Umzüge, Schenkungen – sollten erst nach einer gewissen Zeit getroffen werden, also erst dann, wenn man wieder »klar sieht«.

Sekundäre Co-Egozentrik kann durch gesundes Gruppenverhalten und durch die Stärkung des Selbstbewusstseins wieder bereinigt werden. Allerdings können auch hier eine Therapie oder eine Selbsthilfegruppe Gutes tun. Schließlich ist es immer besser, auf Nummer Sicher zu gehen, damit man nicht irgendwann doch wieder automatisch zum Opfer wird.

5. Die zerstörerische Kraft der Egozentrik in unserer Gesellschaft oder Die Gruppe als Opfer

Normalerweise fühlen wir uns innerhalb einer Gruppe wohl und beschützt. Das ist kein Zufall, denn unsere Ur-Instinkte signalisieren uns, dass es hier nicht nur die besten Entfaltungsmöglichkeit für jedes Individuum gibt, sondern auch den besten Überlebensschutz. Jeder kann seine Stärken entwickeln, unterschiedliche Aufgaben wahrnehmen, und jeder schützt und dient dabei jedem. Das sagt uns unser Instinktprogramm. Auch in unserer modernen Gesellschaftsstruktur spiegelt sich das instinktive Gruppenbedürfnis eindeutig wider: In der Familie, in der Clique, im Arbeitsbereich. Im Zeitalter der Singles haben diese Bezüge sogar noch an Bedeutung gewonnen, gibt es doch einen zunehmenden Mangel an privaten Gruppen zu verzeichnen.

Doch leider ist es gerade der Umstand, dass es für uns heutzutage mindestens drei voneinander unabhängige Gruppenverbände gibt (Arbeit, Familie, Freunde), der unsere Instinkte verunsichert. Das alles Zusammenleben beherrschende Rudel, die eine Herde oder Sippe, ist aufgesplittert in verschiedene Gruppen, wodurch unsere Zugehörigkeitsgefühle nicht mehr eindeutig sind: Gibt es in der einen Gruppe Stress, verlagern wir unser Gewicht auf eine andere Gruppe.

Allgemein werden Konflikte kaum noch grundsätzlich, das heisst durch Gespräche und daraus entstehende Kompromisse gelöst, sondern meistens wird die eine oder andere Gruppe ohne weiteres aufgegeben (Arbeitsplatzwechsel, Scheidungen, Trennungen von Freundeskreisen). Die instinktgerechte Sicherheit, die uns eine Gruppenzugehörigkeit geben sollte, geht dadurch verloren. Wir fühlen uns tendenziell angreifbar und ungeschützt.

Diese geschwächte Verteidigungsposition machen sich Egozentriker besonders gern zunutze. Gesundes Gruppenverhalten zeichnet sich aus durch offene Gespräche, Verlässlichkeit und Vertrauen. Auch wenn diese Strukturen innerhalb einer Gruppe im Prinzip vorhanden sind, scheut ein Egozentriker keine Mühe, diese zu zerstören – mit dem Ziel, die Gruppe zunächst insgesamt zu schwächen, indem er die einzelnen Mitglieder gegeneinander aufbringt, um dann freien Zugriff auf die schutzlosen Individuen zu haben. Und das geht dann so:

- Egozentriker säen gerne und absichtlich Zwietracht. Da sie die Schwäche jedes Einzelnen ausgesprochen schnell erkennen, lästern sie über andere Gruppenmitglieder.
- Während gelästert wird, rutscht dem einen oder anderen eine abfällige Bemerkung über den Betroffenen heraus. Diese Äußerung wird dann eiligst vom Egozentriker zum Betroffenen getragen, überdramatisiert und zusätzlich mit einigen kleinen Lügen garniert.
- Damit verursacht der Egozentriker eine Verstimmung innerhalb der Gruppe, die zur Vereinzelung der Mitglieder führen soll: Wenn nicht mehr offen miteinander geredet wird, weil eine oder mehrere Personen sich beleidigt fühlen, hat der Egozentriker gewonnen.

Hat der Jäger sein Ziel erreicht und die Gruppe entzweit, dann fordert er, mit Verweis auf die Schwächen der anderen, die eigene Bevorzugung ein – was leider auch oft genug gelingt. Beispielhafte Kurzversionen lauten in etwa so: »Der Kollege überzieht immer die Mittagspause, deshalb steht mir die Beförderung zu.« Oder: »Mein Bruder hat gesagt, du hast ihn benachteiligt als Kind, deshalb steht mir das Erbe zu.« Oder: »Karl hat gesagt, dass du ein Langweiler bist, deshalb steht mir die Präsidentschaft im Sportverein zu.«

Wenn nötig, wird ein Hindernis auch mit Hilfe direkter persönlicher Verunsicherung aus dem Weg geräumt: »So wie du angezogen bist, glaubst du doch nicht im Ernst, dass du Abteilungsleiter werden kannst!« Oder: »Du hast doch gar nicht die nötige Qualifikation für diesen Job!« Oder: »Dich nimmt doch sowieso niemand ernst!« Beispiele für kleine, aber gemeine Sätze, die ein Egozentriker schon mal fallen lässt – unter vier Augen versteht sich, denn später wird er selbstverständlich bestreiten, so etwas gesagt zu haben. Und wieder steht das Opfer dumm da.

Egozentriker führen innerhalb unserer Gesellschaft einen Krieg, eine Art Guerilla-Krieg. Die Voraussetzungen für diesen Krieg sehen wie folgt aus:

- Moral betrachtet ein Egozentriker als Schwäche, nicht als Verhaltenskodex.
- Menschlichkeit richtet er als Waffe gegen Menschen. Wer freiwillig beiseite tritt, hat selber Schuld.
- Egozentriker kennen kein Mitgefühl.
- Egozentriker kennen keinen gesunden Leistungswettbewerb, in dem der Fähigere siegt; Konkurrenten werden vielmehr als Feinde betrachtet, und Leistung ist unwichtig.
- Mangelnde Fähigkeiten werden durch Intrigen kompensiert. Kein Egozentriker stellt sich in die zweite Reihe, nur weil er unfähig ist, einen bestimmten Job zu erledigen.

In diesem Guerilla-Krieg kämpft ein Egozentriker nur für sich und gegen alle. Es herrscht eine Art Anarchie, und zwar im negativsten Sinne: Was von sozialen Gemeinschaften übrig bleibt, wenn ein Egozentriker seine Verwüstung beendet hat, ist ein mit Wunden vermintes Niemandsland. Die instinktiv gesunden Menschen, die hoffentlich noch in der Überzahl sind, finden sich, nach einer Ein-Personen-Schlacht, vereinzelt und ohne funktionierende Gruppenverbände wieder – der gesunde Zusammenhalt ist zerstört. Dadurch haben mittlerweile nicht nur alle Egozentriker freien Zugang zu allen Positionen innerhalb unserer Gesellschaft – denn kaum jemand verteidigt noch das verwüstete Terrain –, sondern die vielen gesunden Menschen haben sich ganz einfach aus dem Gemetzel zurückgezogen, auf eine Art Insel der Gleichgültigkeit: traurig, genervt, desillusioniert und resigniert versuchen sie Gruppen zu finden, wie Vereine ohne Einnahmen und Einfluss, Kleinstfamilien und private Kuschelecken, die niemanden interessieren, schon gar nicht einen Egozentriker. Die Schlacht um entscheidende Positionen in der Gesellschaft scheint somit bereits verloren zu sein.

Einen instinktiv gesunden Menschen trifft die Zerschlagung einer Gruppe schwer. Für sich allein hat er nämlich keinen großen Ansporn zu kämpfen! So finden wir häufig permanent genervte Zeitgenossen, die nur noch für das Wochenende, die Feiertage, den Urlaub oder die Rente arbeiten. Sie haben es aufgegeben, sich in die Schlacht der Desperados untereinander einzumischen.

Erst im Sippenverband hat der Abwehrkampf einen Sinn, und jeder Einzelne mobilisiert seine Kräfte. Da das Eintreten für menschliche Werte allerdings auch in der Politik schon lange zum reinen Marketing verkommen ist, glaubt niemand mehr daran, dass es irgendjemandem noch ernst ist mit der Menschlichkeit.

Der momentane Gemütszustand der meisten Mitglieder unserer Gesellschaft lässt sich daher wie folgt beschreiben:

- Allgemeiner *Vertrauensverlust* innerhalb vieler Gruppen und innerhalb der Gesellschaft insgesamt
- Allgemeine *Gleichgültigkeit* und *Vereinzelung*; traurige bis depressive *Apathie.* Motto: Jeder für sich allein!
- *Hoffnungslosigkeit*, kein Glaube mehr an eine positive Wende
- *Verantwortungslosigkeit.* Niemand fühlt sich zuständig für Veränderungen. Die negativen Maßstäbe scheinen übermächtig. Jeder schiebt die Verantwortung auf andere, niemand kehrt vor der eigenen Tür.

Haben wir demnach alle aufgegeben? Nein, nicht alle. Eine kleine Schar unverhohlener Optimisten hält die Fahne der Menschlichkeit noch immer hoch. Wir sollten nicht zu lange damit warten, wieder für ein gesundes Miteinander zu kämpfen. Wir alle brauchen eine funktionierende Gesellschaft, die auf unseren gesunden Instinkten aufgebaut ist, sonst leben wir nicht, sondern vegetieren dahin. Niemand kann langfristig ohne eine instinktgerechte Umgebung auskommen. Die Gesellschaft ist unser aller Lebensraum und nicht als Selbstbedienungsladen für Nassauer und Intriganten gedacht. Die aktuelle Lage ist desolat und lebensfeindlich, wobei sich niemand aus der Verantwortung stehlen kann, wenn es darum geht, Bewusstsein dafür zu schaffen, wie jeder einzelne von uns dazu beitragen kann, dass sich unsere Gesellschaft wieder erholt. Und das heißt zuallererst einmal, die co-egozentrischen Züge in uns selbst zu erkennen und zu heilen, damit Egozentrik keinen Nährboden mehr hat, menschliche Gemeinschaften zu versklaven.

6. Allgemeine Charakteristika eines Co-Egozentrikers

- Niedriges Selbstbewusstsein ohne erkennbaren äußeren Grund, also ohne ausgeprägtes persönliches Manko
- Geringe Selbstachtung (häufig »Versager«-Syndrom)
- Große Schuldgefühle, vornehmlich in Bezug auf Zustände, die der Co-Egozentriker in keiner Weise verursacht oder beeinflusst hat
- Übersteigertes Verantwortungsbewusstsein für andere
- Übergroße Bescheidenheit in Bezug auf sich selbst (»Ich brauche nichts, ich habe alles.«)
- Verzichtbereitschaft: Bereitwillig anderen alles überlassen, was eigentlich selbst benötigt wird
- Härte gegen sich selbst; keine Selbstschonung, niemals sich selbst etwas Gutes tun. (»Ich brauche keine Ruhe.«)

- Überdurchschnittlicher Fleiß
- Übertriebene Großzügigkeit gegenüber anderen (auch gegenüber Menschen, denen es besser geht als dem Helfer selbst)
- Sofortige Hilfsbereitschaft, egal in welcher problematischen Lage der Helfende selbst gerade steckt
- Schnelle und übergroße Identifikation mit den Problemen anderer
- Übertriebenes Mitgefühl für andere (auch, wenn es jemandem besser geht als dem Helfenden selbst)

7. Typisches Fehlverhalten eines Co-Egozentrikers

- Wenn andere Menschen Probleme haben, fühlt sich ein Co-Egozentriker sofort zuständig und aufgerufen zu helfen – egal ob er dafür die Zeit, Nerven oder Kraft hat.
- Er sagt so gut wie nie Nein, wenn er um etwas gebeten wird.
- Er stellt, auch für die kleinsten Gefälligkeiten, die von ihm erwartet werden, sofort die eigenen Bedürfnisse zurück.
- Er wehrt sich nicht gegen Menschen, die ihn offensichtlich ausnutzen, sondern erträgt es einfach. Er beschwert sich eigentlich nie, nimmt alles hin.
- Er kann nichts annehmen, weil er ja nichts wert ist! Schafft man es, einem Co-Egozentriker tatsächlich einmal einen Gefallen zu tun, wird er daraufhin den Geber mit den Gegenleistungen nur so überschütten.
- Er spricht selten oder nur schwer über sich selbst – die eigenen Sorgen, Bedürfnisse oder Probleme –, dagegen fast ausschließlich über die Sorgen oder Bedürfnisse anderer.

TEIL IV

Vom Umgang mit Egozentrikern

1. Schutz – und Abwehrmaßnahmen

Eines sollte sich jeder, der es mit einem eingefleischten Egozentriker zu tun hat, von vornherein abschminken: Niemand kann einen Egozentriker ändern. Das gilt zwar für jede Veränderung, weil man sich letztlich immer nur selbst ändern kann, aber für Egozentriker gilt diese Regel in einem besonderen Maße.

Egozentriker sind total immun gegen Anstöße, Vorwürfe, gutes Zureden und Appelle an die Moral oder die Menschlichkeit. Es gibt keinerlei Kritik, die ihnen tatsächlich zu denken geben würde. Sie wägen lediglich ab, ob der Ausgenutzte schnell wieder beruhigt werden kann, um dann weiter dienlich zu sein, oder ob das Ausnehmen jetzt vorüber ist. Ist Letzteres der Fall, wenden sich Egozentriker empört von ihrem Opfer ab – wie konnte derjenige nur wagen, so etwas von ihnen zu denken und dann auch noch auszusprechen! Praktisch, denn schon hat der Egozentriker wieder eine Geschichte zu erzählen über die ungerechte Behandlung von verständnislosen Zeitgenossen.

Es ist ebenfalls sinnlos, über die eigene Verletztheit zu sprechen. Ein Egozentriker kann und will sich nicht in andere Menschen hineinversetzen. Das würde seiner Lebenseinstellung grundsätzlich widersprechen. Auch ein Alkoholiker hört nicht auf zu trinken, nur weil ihn jemand ganz lieb darum bittet. Ein Alkoholiker ist süchtig, ein Egozentriker auch – nach sich!

Bei jedem psychischen Problem kann sich der Betreffende letztlich nur selbst ändern. Nicht so der Egozentriker. Während bei anderen psychischen Störungen den Betroffenen manchmal durch das Leid, welches sie den Opfern zugefügt haben, ihre krankhaften Verhaltensweisen bewusst werden, ist dieser Weg der Heilung bei Egozentrikern vollkommen ausgeschlossen.

Im Strafvollzug für kriminelle Jugendliche und junge Erwachsene wird seit einiger Zeit sehr erfolgreich das Verfahren des Rollenspiels angewandt. Die jungen Kriminellen werden angeleitet, sich in die Rolle des Opfers hineinzuversetzen, um zu lernen, wie man sich dabei fühlt. Glücklicherweise ist das fast immer derart beeindruckend für die ehemaligen Täter, dass sie gedankenlose Überfälle oder Erpressungen hinterher zu einem erstaunlich hohen Prozentsatz nicht mehr durchführen. Sie haben gelernt, wie ohnmächtig, gedemütigt und ängstlich sich die andere Seite fühlt.

Leider hat diese Methode bei Vollblut-Egozentrikern als psychologisches Verhaltenstraining so gut wie gar keinen Erfolg. Egozentriker können sich nicht vorstellen, ausgenutzt zu werden, das würde ihnen einfach nicht passieren!

Bei einigen Versuchen, Egozentriker in die Opferrolle zu versetzen, kamen Kommentare wie: »Das würde ich nie tun!« oder: »Das gebe ich nicht« oder: »Du bist wohl verrückt geworden, ich bin doch nicht so bescheuert und gebe dir eine Kontovollmacht!« Egozentriker merken sofort, wenn jemand auch nur ansatzweise versucht, sie auszunehmen. Wenn man das Rollenspiel weiter treibt, lachen Egozentriker über das Verhalten der Opfer, und dann folgen Kommentare wie: »Wie kann man nur so blöd sein!« oder: »Das sieht man doch sofort, dass hier jemand abzocken will!« oder: »Das würde ich nie mit mir machen lassen!«

Bittet man den egozentrischen Probanden im Rollenspiel aus der Sicht des Opfers um seine Meinung zum Verhalten des Egozentrikers, dann wird es meistens makaber, fordert man ihn damit ja im Prinzip auf, über sich selbst zu urteilen. Die entrüsteten Antworten lauten meistens wie folgt: »Sofort würde ich so eine Person verlassen!« oder: »Mit so jemandem will ich nichts zu tun haben!« Und die Standardantwort, wenn man einem Egozentriker sagt, dass er genau so seine Mitmenschen behandelt, lautet: »Wenn die so blöd sind, haben sie es auch nicht besser verdient!«

Rollentausch als Therapie hat nur Sinn, wenn er im Anfangsstadium von sekundärer Egozentrik angewandt wird, da diese stufenweise fortschreitet. Hier kann man manchmal sogar fast so etwas wie eine »Spontanheilung« erreichen.

In allen anderen Fällen bleibt nichts anderes, als sich sinnvoll gegen Egozentrik zu schützen.

Erste Maßnahme: Bewusstseinsbildung, Schärfung der Sinne und Kontrolle des eigenen Mitgefühls

Gegen Egozentrik schützen wir uns zunächst am besten, indem wir das Verhalten anderer bewusster wahrnehmen und stärker analysieren. Es lohnt sich, diesbezüglich die eigenen Sinne zu schärfen und den Verstand zu schulen, damit man nicht selbst das nächste Opfer eines Egozentrikers wird. Von einem der kaltblütigsten Verhaltensmuster eines Egozentrikers – Ausbeutung durch Mitleid – werden wir in der Regel überrumpelt, weil wir nicht damit rechnen, dass dieses Mitleid nur gespielt ist. Deshalb sollten wir lernen, bemitleidenswerte Situationen und Zustände auf ihre Echtheit hin zu überprüfen – zu unserem Schutz und damit unsere instinktive Fähigkeit, wirklich bedürftigen Mitmenschen in Not zu helfen, wieder in den Vordergrund rückt.

Man kann den Unterschied erkennen lernen, indem man die Situation analysiert.

Wenn jemand ein Problem hat, ist es ganz natürlich, dass er sich an einen Freund oder Verwandten wendet, um Hilfe zu erhalten. Diese Hilfe bedeutet vor allem Zuhören, damit das Problem ausgesprochen und gemeinsam nach Lösungen gesucht werden kann. Denn: Die Selbstverantwortung des Notleidenden ist eine der Grundbedingungen für echte Hilfe. Es ist keine Hilfe, wenn der Helfer die Verantwortung für den Hilfe Suchenden übernimmt. Die Übertragung von Verantwortung auf eine andere Person ist wesentlicher Bestandteil des egozentrischen Verhaltensmusters. Es sollte immer gemeinsam analysiert und überlegt werden, was der Bedürftige selbst tun könnte, um seine Situation zu verbessern.

Als Helfender sollte man sich daher vor Augen halten:

- So gravierend das Problem eines anderen auch ist, es ist und bleibt immer dessen Problem. Das bedeutet nicht, dass man Menschen mit Problemen alleine lassen soll, ganz im Gegenteil. Aber das Bewusstsein ist wichtig: Es geht nicht um mein persönliches Problem, sondern das Problem eines anderen Menschen. Das hilft, einen klaren Kopf zu bewahren.
- Es gibt immer mehrere Lösungsmöglichkeiten für ein Problem. Zuerst sollte also die Lage analysiert und dann sollten *alle* Lösungsmöglichkeiten aufgelistet werden.

Wenn man sich entschließt, jemandem zu helfen, sollte das immer ein freiwilliger Entschluss sein. Es ist sehr wichtig, vorher darüber nachzudenken, ob man die geforderte Hilfe überhaupt geben kann oder will. Für äußerst hilfsbereite Menschen – vor allem aber für Co-Egozentriker – erfordert das eine gewisse Selbstdisziplin. Eine Bedenkzeit zu verlangen ist legitim, eine Analyse der Situation unerlässlich.

Die folgenden Fragen können dabei helfen, das Bewusstsein dafür zu schärfen, mit wem wir es zu tun haben:

1. Gibt es noch andere Personen, die dieselbe Gefälligkeit erbringen können?
2. Gibt es vielleicht sogar Personen, die die erbetene Gefälligkeit *leichter* erbringen könnten?
3. Erfordert die Situation tatsächlich Hilfe von außen oder könnte der Betreffende sie auch ebenso gut selbst lösen?
4. In welchem Verhältnis steht die erbetene Hilfe zur tatsächlichen Situation?

5. Ist die erbetene Hilfeleistung tatsächlich so wichtig, wie sie dargestellt wird?
6. Gibt es Alternativen, die der Bittende ebenso wählen könnte, um sein Problem selbst zu lösen?
7. Entsprechen alle Argumente, die der Bittende vorträgt, der Wahrheit?
8. Was würde ich tun, wenn ich in derselben Lage wäre? (Die Situation gedanklich umzudrehen, die Seiten also zu wechseln, ist eine sehr effektive Methode!)
9. Würde der Bittende für mich dasselbe tun, was er jetzt von mir erwartet?

Falls immer noch Zweifel bestehen, ob wir es mit einem Egozentriker oder einem echten Hilfsbedürftigen zu tun haben, kann man zusätzlich auch noch gute Freunde zu Rate ziehen. Es ist in jedem Fall besser, etwas mehr Zeit mit dem Nachdenken und Analysieren zu verbringen, als später sehr viel mehr Zeit damit, den angerichteten Schaden auszugleichen.

Zweite Maßnahme: Die Konfrontation mit der Wahrheit

Konfrontation mit der Wahrheit heißt in erster Linie, sich selbst und das eigene soziale Umfeld offen mit der Wahrheit zu konfrontieren. Sich selbst bewusst einzugestehen, dass man ausgenutzt worden ist, ist der erste Schritt – andere davon in Kenntnis setzen ist der zweite. Auch wenn diese Methode harmlos klingt, sie ist eine effektive Waffe im Kampf gegen die Egozentrik.

Natürlich kann man auch versuchen, einen Egozentriker mit seinen Machenschaften zu konfrontieren, doch führt das meistens zu nichts. Ein Egozentriker wird in jedem Fall alles abstreiten, lügen, was das Zeug hält, und sich selbst dann lauthals

als das arme Opfer böswilliger Verfolger hinstellen. Eine Konfrontation ist daher nur dann sinnvoll, wenn man eine Gruppe hinter sich hat und alle Beteiligten vorher offen über das egozentrische Verhalten gesprochen haben, so dass man sich den Betreffenden dann gemeinsam zur Brust nehmen kann. Es wird zwar dadurch nicht erreicht, dass der Egozentriker sich ändert, aber durch sein Verhalten der Gruppe gegenüber wird er sich selbst bloßstellen und so ungewollt Beweise für seine Hinterlist liefern. Mit Hilfe dieses gruppendynamischen Prozesses kann man einen Egozentriker wirkungsvoll vertreiben.

Will eine Gruppe – beispielsweise eine geschädigte Firma – noch weitere Schritte unternehmen, sollten auch gerichtliche Schritte nicht ausgelassen werden. Wenn nur irgend möglich, sollten Egozentriker dazu gezwungen werden, den angerichteten Schaden wieder gutzumachen.

Sonja und Felix lagen nebeneinander im Bett. Sie hatten gerade berauschenden Sex hinter sich, aber Felix mochte plötzlich nicht mehr kuscheln und sonderte sich etwas ab. Sonja fragte ihn natürlich, warum.

»Ach, Schatz, findest du mich attraktiv?« Sonja bestätigte das stürmisch, doch Felix war noch nicht zufrieden.

»Was hast du, Liebling?« fragte sie besorgt.

»Weißt du, meine Klamotten sind irgendwie nicht mehr so das Wahre. Ich habe da heute einen superschicken Anzug gesehen. Den hätte ich so gern, nur um dir zu gefallen. Ich möchte, dass du stolz auf mich bist!«

Sonja wurde etwas unsicher. Felix war erst kürzlich bei ihr eingezogen. Sie waren ja so verliebt, und er war so wahnsinnig charmant. Er hatte ein Zimmer in einer Wohngemeinschaft, wo er fürs Erste untergekommen war, nachdem ihn seine fiese Exfreundin aus der wunderschönen gemeinsamen Eigentumswohnung rausgeworfen hatte. Die Wohnung wäre allein auf ihren Namen eingetragen worden, obwohl er ihr das Geld dafür gegeben hätte – alles nur wegen seiner Großzügigkeit –, aber da könnte man jetzt leider nichts mehr machen, hatte er gesagt.

Sonja arbeitete als Art-Director in einer Werbeagentur und verdiente nicht wenig. Ihre Wohnung war groß und lag in einer guten Gegend. Der Graphiker Felix war, kurz bevor sie sich kennen lernten, aus seiner alten Firma herausgeflogen. Völlig unbegründet, das Ganze war eine echte Sauerei und total ungerecht. Er konnte wirklich nichts dafür, er hatte ihr all die grauenhaften Machenschaften seiner Kollegen erzählt. Sonja glaubte ihm natürlich, obwohl sie die Geschichten irgendwie ungereimt und gar nicht so dramatisch fand.

Derart in Gedanken wegen des Anzugs, hatte Sonja die Stirn unbewusst ein wenig gerunzelt. Sofort wandte sich Felix ihr wieder zu, nahm sie zärtlich in den Arm und versprühte seinen unwiderstehlichen Charme. »Es ist egal, vergiss, was ich gesagt habe. Ich brauche nicht auf die Straße zu gehen, ich bleibe hier bei dir. Du bist die schönste Frau, die ich je gesehen habe.« Sonja war beruhigt, dass er das Thema von selbst fallen gelassen hatte.

Am nächsten Tag kaufte Sonja den Anzug für Felix und noch ein paar Kleinigkeiten, damit er sich besser fühlte und mehr Selbstvertrauen für eventuelle Vorstellungsgespräche hätte. Felix war begeistert von ihren Geschenken. »Das ist wunderbar von dir, du bist die beste Frau der Welt. Aber es ist mir schon ein bisschen peinlich, dass du das alles gekauft hast. Wenn ich einen Job hätte, würde ich ja selbst … Aber vergessen wir das heute Abend. Lass uns ausgehen!«

Überflüssig zu sagen, dass Sonja das Dinner bezahlte und Felix stolz seinen neuen Anzug trug. Weil es ihm angeblich so peinlich war, dass sie alles bezahlte, bat er sie um ihr Portemonnaie, um im Restaurant für alle sichtbar der Zahlende zu sein. Sonja gewährte ihm den Wunsch, sie wollte sein frisch aufgemöbeltes Selbstbewusstsein nicht gleich wieder ins Wanken bringen.

In einem Moment kam es Sonja plötzlich so vor, als würde

Felix mit der sehr schicken und teuer angezogenen Frau vom Nebentisch flirten. Als er Sonjas Blick bemerkte, strahlte er sie unschuldig an und machte ihr viele Komplimente.

Sonja beunruhigte das. Sie hatte schon oft gehört, dass besonders Männer unter ihrer Arbeitslosigkeit leiden würden, schnell das Selbstbewusstsein verlören und dann zur Selbstbestätigung Affären anfingen. Dass er ihr Portemonnaie noch einige Tage behielt und dann natürlich kein Geld mehr drin war, übersah Sonja. Sie wollte ihn nicht kränken.

Sie rang mit sich, ob sie ihm einen Job in ihrer Firma besorgen sollte. Eigentlich fand sie es nicht gut, Freunde oder Bekannte einzuschleusen. Sie mochte keine Vetternwirtschaft, jeder sollte sich lieber über seine Leistung qualifizieren. Doch ein paar Tage später sorgte Sonja in ihrer Firma dafür, dass Felix einen gut bezahlten Job bekam. Sie fühlte sich nicht wohl dabei, denn eigentlich wäre ein sehr netter Kollege von ihr an der Reihe gewesen. Doch sie tröstete sich mit dem Gedanken, dass der nette Kollege ja auch so einen Job hatte, und gestand sich nicht ein, dass sie im Grunde nur Angst hatte, Felix zu verlieren, wenn er nicht schnell einen guten Job bekäme. Denn so viele Komplimente hatte Sonja noch nie bekommen, Felix schien sie für Aphrodite persönlich zu halten. Das gefiel ihr natürlich, und schon lange hatte sie nach einem Mann gesucht, für den sie wirklich etwas Besonderes war.

Felix konnte sofort in der Agentur anfangen – schick in Schale mit seinem neuen Anzug, natürlich. Gleich am ersten Tag sah Sonja, wie er – auf den Lippen dasselbe charmante, verliebte Lächeln, das er sonst immer ihr schenkte – ein Schwätzchen mit ihrer Chefin hielt.

Im Laufe der folgenden Wochen war Felix nicht mehr so liebenswürdig zu Sonja: Er nörgelte an ihr herum, ihr Aussehen gefiel ihm plötzlich nicht mehr, und er kam immer später nach Hause. Dafür konnte man ihn in der Agentur immer häufiger im Büro der Chefin antreffen.

Nach drei Monaten zog Felix aus. Wohin? Nun, natürlich an

den Stadtrand, in das Haus der Chefin mit Swimmingpool. Überflüssig zu sagen, dass Sonja niemals auch nur einen Pfennig für die neuen Klamotten und alle anderen Auslagen zurückbekam, obwohl Felix bald besser verdiente als sie.

Nach einem halben Jahr wurde Sonja plötzlich gekündigt, man warf ihr unkollegiales Verhalten vor. In einem langen Gespräch mit ihrer Chefin hörte Sonja die unglaublichsten Geschichten, voller Lügen und Intrigen. Natürlich glaubte die Chefin Sonjas Unschuldsbeteuerungen kein Wort. Felix hatte inzwischen auch anderen Kollegen eingeflößt, dass Sonja ein Biest wäre. Er wollte sie, die einzige Zeugin seiner Machenschaften, nicht in seiner neuen, so viel besseren Welt haben.

Die Agenturchefin musste allerdings einige Jahre später, als sie die von Felix verursachten Schuldenberge nicht mehr bezahlen konnte, am eigenen Leib spüren, was es heißt, einem Egozentriker in die Falle getappt zu sein.

Unglaublich? Weit gefehlt! Es könnte auch die arbeitslose, allein erziehende Mutter sein, die ihren neuen Freund an die Chefsekretärin aus der Nachbarwohnung verliert – der gesellschaftliche Rahmen ist verschieden, doch das Schema ist immer das gleiche.

Wie aber hätte man den Egozentriker Felix mit Hilfe der Methode *Konfrontation mit der Wahrheit* stoppen können? Sicher nicht, indem Sonja Felix zur Rede gestellt und ihn mit der Wahrheit konfrontiert hätte, denn die kannte er selbst ja besser als jeder andere. In so einer Situation geht es vielmehr darum, das Umfeld und das potenziell nächste Opfer mit der Wahrheit zu konfrontieren. Der Erfolg dieser Methode hängt allein vom richtigen Zeitpunkt ab, davon also, ob man rechtzeitig einschreitet. Lässt man dem Egozentriker nämlich genügend Zeit, sein nächstes Opfer in sein Spinnennetz aus Lügen und Intrigen einzuweben, wird es schwer, dorthin vorzudringen. Da Egozentriker aber, wie gesehen, ein ausgesprochen standardisiertes Verhaltensprogramm haben, ist es nicht allzu schwer, die jeweils nächsten Schritte vorauszusagen, was dem neu anvisierten Opfer meist stark zu denken gibt, trifft das Vorhergesagte doch exakt ein.

Bewusstseinsbildung ist bekanntlich immer noch die beste Gegenwehr. Dabei zugleich zuzugeben, Opfer gewesen zu sein, fällt schwer. Um diese Hemmschwelle zu überwinden, hilft es, sich klarzumachen, dass sich der Egozentriker peinlich und unverschämt benommen hat, nicht man selbst. Wäre Felix ein gesunder Partner gewesen, hätte er sich sicher bemüht, mit Hilfe seines neuen Jobs Sonja wieder etwas zurückzugeben. Nicht Sonja sollte sich schämen, sondern Felix. Das Geraderücken der Tatsachen ist für ein »altes« Opfer ein wichtiger Schritt, um Mut zu fassen, das »neue« Opfer aufzuklären.

Der erste Fehler, den Sonja begangen hat, ist sicherlich, dem netten Kollegen den Aufstieg zu vermasseln. Sie hätte in der Agentur offen mit allen Kollegen und ihrer Chefin über Felix, seine Jobsuche und ihre Bedenken diesbezüglich sprechen sollen. Damit hätte sie sich als faire Kollegin bewährt und ihren Rückhalt in der Firma gestärkt. Vielleicht hätte jemand sogar von einen Job in einer anderen Werbeagentur gewusst, wodurch das berufliche Problem von vornherein ausgeschaltet worden wäre. Oder Felix hätte als neuer Graphiker angefangen, aber eben auf anständige Weise, nämlich mit dem Job des Kollegen, der, wie geplant, befördert worden wäre.

Der zweite Fehler von Sonja: Bei Eintreffen seines ersten Gehalts hätte Sonja über die Kostenteilung der nun gemeinsam bewohnten Wohnung sowie über die Rückzahlung des geborgten Geldes sprechen sollen. Ein aufrichtiger Partner hätte Sonja allerdings von sich aus darauf angesprochen, eine Messlatte, die ebenfalls zur Methode *Konfrontation mit der Wahrheit* gehört – denn: entweder wäre Felix wütend geworden, hätte ihr zur Ablenkung geschmeichelt oder hätte faule Ausreden vorgebracht. All drei Verhaltensweisen hätten ihn schnell als Egozentriker entlarvt.

Nachdem Sonja ihren netten Kollegen für Felix gemobbt

hatte, konnte sie natürlich mit keinem kollegialen Beistand mehr rechnen. Auch wenn Sonja also nur etwas für ihren neuen Freund hatte tun wollen, hätte das in jedem Fall vor ihrem eigenen Gewissen bestehen müssen!

Merke: Man sollte nichts für andere tun, was man nicht auch guten Gewissens für sich selbst tun würde!

Der dritte Fehler von Sonja: In dem Gespräch mit ihrer Chefin war Sonja zu defensiv; sie legte weder die vollständige Wahrheit noch sämtliche Fakten auf den Tisch. Sie sah sich die neue Liaison zunächst drei Monate lang an und reagierte erst, als Felix auszog und ihr selbst gekündigt wurde. Sonja hätte auf das Vier-Augen-Gespräch mit ihrer Chefin gut vorbereitet sein und alles zur Sprache bringen sollen – auch dass sie es mittlerweile bedauerte, Felix auf so unkollegiale Weise in die Agentur eingeschleust zu haben. Sonja hätte vor dem Gespräch Erkundigungen bei seiner alten Firma einholen können und vielleicht sogar bei seiner Exfreundin. In einem offenen Gespräch mit ihren Kollegen, samt einer fälligen Entschuldigung bei dem übergangenen Kollegen, hätte sie mit Sicherheit Beweise gefunden, dass Felix seine Arbeit von anderen erledigen ließ und/oder sich mit fremden Federn schmückte. Sie hätte unter Garantie erschreckende Fakten vortragen können, die nicht alleine von ihr stammten, sondern auch von anderen Geschädigten. Damit hätte sie eventuell erreicht, dass die Chefin »ihren« Felix nicht mehr als so harmlos oder gar charmant einstufte.

Als Opfer eines Egozentrikers hat man in jeder Phase die Möglichkeit, mit Offenheit und klarem Verstand einzuschreiten, indem man auf die anderen Beteiligten zugeht.

Der vierte und letzte Fehler von Sonja: Nach ihrer Kündigung hätte sie überhaupt keinen Grund mehr gehabt, stillzuhalten. Spätestens dann hätte sie Felix durch die Offenlegung der Fakten bloßstellen müssen. Die Wahrheit ist das beste Mittel gegen die Machenschaften von Egozentrikern – und zwar zu jedem Zeitpunkt innerhalb einer Geschichte!

Dritte Maßnahme: Die Reflexion über die Werte des Lebens

Will man sich langfristig gegen Egozentrik schützen, dann ist eine intensive Reflexion über die echten Werte im Leben unabdingbar. Wenn wir uns vor Augen halten, wie die Dimensionen in unserem Leben eigentlich gesteckt sind, fällt es leichter, krankhafte Verhaltensstörungen auf Anhieb zu erkennen, da Egozentriker aufgrund ihrer Ichzentrierung hundertprozentig von diesem Schema abweichen.

- *Die echten und bleibenden Werte im Leben sind Freude, Liebe und Gesundheit.* Diese Grundwerte sind ideeller Natur. Materielle Werte können uns Annehmlichkeiten verschaffen, glücklich machen sie uns nicht (und wenn, dann nur kurzfristig). Ideelle Werte sind dagegen nicht käuflich, weshalb Egozentriker auch keinen Zugang zu ihnen haben.
- *Der Fluss des Lebens unterliegt einer natürlichen Dynamik.* Manchmal geht es aufwärts, manchmal abwärts. Ebenso wechseln sich Geben und Nehmen ab. In der Natur gibt es nichts Einseitiges, alles ist bestrebt, in einem Gleichgewicht zu leben. Diese übergeordneten Zusammenhänge machen Egozentrikern Angst. Durch ihre Einseitigkeit – das dauernde Nehmen – erstarren sie und betrachten die Dynamik des Lebens als Feind.
- *Das Denken in größeren Maßstäben lehrt uns, dass wir nur ein Staubkorn im Universum sind.* Wie kann sich jemand, vor diesem Hintergrund, eigentlich so wichtig nehmen? Wie wichtig ist das einzelne »Ego« eigentlich? Ist es nicht lediglich Teil eines viel komplexeren Zusammenhangs? Das zu er-

tragen fällt uns Menschen generell schwer, weshalb Sozialverbände überlebenswichtig sind, da durch sie unser individuelles Bewusstsein reguliert wird.

- *Wir haben alle das gleiche Recht auf Glück und Zufriedenheit.* Die eigene Wichtigkeit ist relativ. Gibt es nicht Milliarden von Egos auf der Welt?
- *Individualität und Gemeinschaft: Die beiden Seiten der menschlichen Selbstverwirklichung.* Naturgemäß interessiert es uns, ob unser Umfeld intakt ist, sich also wohl fühlt. Erst dann geht es dem Einzelnen vollständig gut. Wer sich über Leid in seiner unmittelbaren Umgebung hinwegsetzt, lachen kann, wenn neben ihm jemand weint, der steht außerhalb des natürlichen Instinktprogramms.

Vierte Maßnahme: Das Instinktprogramm als Gegenmittel

Unsere Instinkte stehen uns manchmal im Weg, wenn es darum geht, Egozentriker zu erkennen und abzuwehren. Doch das gilt nur, wenn wir es unwissentlich mit Egozentrik zu tun haben und dieses mit gesundem Verhalten verwechseln. Der Appell an unsere instinktiv gesunde Menschlichkeit macht uns leicht zu Opfern. Doch setzt der Bewusstseinsprozess ein und verstehen wir, was Egozentrik ist, dann können unsere Instinkte wieder hilfreich sein. Das Entscheidende ist, dass wir wachsam sind und ein Bewusstsein für Egozentrik entwickelt haben.

Fünfte Maßnahme: Gesundes Gruppengefüge statt Isolation

Das Bedürfnis nach einem verlässlichen sozialen Gefüge liegt in der menschlichen Natur. Den Einzelnen vor Übergriffen zu schützen und Angreifer abzuwehren ist dabei nur eine Funktion der Gruppe – eine zweite ist die gegenseitige Überprüfung von individuellen Wahrnehmungen. Wir verständigen uns gern mit anderen Menschen darüber, wie ein bestimmtes Ereignis einzuschätzen ist. Dieses instinktive Vorgehen reduziert Fehler. Ursprünglich war es wichtig zu wissen, ob das eben gehörte Geräusch ein angreifender Bär oder bloß ein Wildbach war.

Menschen kommunizieren seit Beginn ihrer Existenz. Tiere tun das auch. Die Überprüfung von Wahrnehmungen ist eine lebenswichtige Funktion in jeder Gruppe. Auch heute entfährt uns noch bei nicht einzuordnenden Geräuschen die Frage »Hast du das gehört?« Wir suchen spontan und ohne zu überlegen warum das Gespräch mit den Artgenossen, um sicher zu sein, ob Gefahr droht oder nicht.

In aller Regel können wir uns nach wie vor auf die Kommunikation als Mittel zur Überprüfung der eigenen Wahrnehmung verlassen, weshalb wir diese natürliche Kontrolle, die jede Gruppe auszuüben bereit ist, zu unserem eigenen Schutz nutzen sollten.

Wenn uns das Verhalten eines Menschen seltsam vorkommt, kann man mit anderen darüber reden – es wird so wesentlich leichter fallen, die Situation einzuschätzen.

Die Kommunikation sichert das schnellere Erkennen eines Egozentrikers durch die Gruppe.

Zugleich begeben wir uns über den Weg der Kommunikation instinktiv in den Schutz der Gruppe. Durch gemeinsames Besprechen und Einordnen der Eindrücke gibt die Gruppe jedem Einzelnen von uns einen gesunden Rückhalt.

Gemeinschaften sind die natürlichen Schutzzonen für das Individuum.

Für jedes soziale Gefüge – ob Freundschaft, Familie oder Arbeitsteam – ist es normal, die Freude und das Leid seiner einzelnen Mitglieder zu teilen. Der natürliche Rhythmus der Sippe besteht darin, über den Einzelnen Bescheid zu wissen, Eindrücke gemeinsam zu bewerten und Schutz auszuüben. Es gibt also keinen Grund, sich nicht auf gut funktionierende Gruppen zu verlassen.

Sich von einem Egozentriker isolieren so lassen, ist einer der fatalsten Fehler, die ein Opfer begehen kann. Hat jemand keine Möglichkeit mehr, seine Eindrücke mit anderen Menschen zu teilen, kann der Egozentriker ihm seine Sicht der Dinge einreden, ohne dass Außenstehende einschreiten können. Zeigt ein uns bekannter oder gar vertrauter Mensch also Tendenzen zur Isolation, nachdem ein neuer »Freund« in sein Leben getreten ist, ist es wichtig, dass wir sofort Kontakt aufnehmen, damit derjenige die Verbindung zur Gruppe nicht verliert. Für uns selbst gilt das natürlich ebenfalls.

Ist die Isolation bereits weiter fortgeschritten, so dass das Umfeld den Egozentriker und seinen »besten Freund« als einzelgängerisches Team betrachtet, hilft ebenfalls nur die Flucht nach vorne. Es gibt immer einen guten alten Freund, dem man die Lage schildern und den man um seine Einschätzung bitten kann.

Der Ausbruch aus der Isolation ist der entscheidende Schritt. Selbst wenn es anfänglich fast krampfhaft erscheint, sollte das Opfer so viele Verabredungen wie möglich mit anderen Menschen suchen – alleine, ohne den egozentrischen »Freund«. Diese zunächst künstliche Distanz wird den Blick des Opfers wieder freier machen und es in die Lage versetzen, aus der Entfernung einzuschätzen, was da in Wahrheit vor sich geht.

Sechste Maßnahme: Die gemeinsame Ächtung

Ist ein Egozentriker erst einmal für alle Beteiligten einer Gruppe erkennbar entlarvt, reagieren wir automatisch, wie es uns die Instinkte vorschreiben: durch Sippenächtung. Das zerstörerische Element wird von allen Mitgliedern geschnitten, ignoriert und von allen gemeinsamen Aktivitäten ausgeschlossen. Tritt dieser Mechanismus erst einmal in Kraft, weiß der Egozentriker, dass er auf verlorenem Posten steht, woraufhin er meistens freiwillig geht.

Leider hat diese Methode einen – ebenfalls natürlichen – Nachteil: Sie ist auf jede einzelne Gruppe beschränkt.

Die Massengesellschaft gibt Egozentrikern immer wieder die Möglichkeit, unerkannt unterzutauchen, sich in andere Gruppen einzuschleichen und erneut Menschen auszunutzen.

Wir sollten also alle darauf achten, dass die uralte Gruppendynamik in unserer modernen Gesellschaft wieder funktioniert, denn wenn fast jede Gruppe offen und vertraulich miteinander kommuniziert, dann werden Egozentriker schneller aussortiert und kommen nicht mehr so leicht und nicht mehr so häufig zum Zuge. Schadensbegrenzung ist hier auch schon viel wert. Ziehen wir uns also nicht resigniert zurück, sondern gehen wir wieder auf andere zu – mit wachem Blick und gesundem Menschenverstand.

Siebte Maßnahme: Abblocken

Aus den oben erwähnten Kommentaren von Egozentrikern beim Rollenspiel ergibt sich eine Maßnahme, die nicht nur wirkungsvoll schützt, sondern die wir auch auf uns allein gestellt jederzeit zur Abwehr heranziehen können. Ein asiatisches Sprichwort kann hier als Faustregel gelten: *Wenn jemand etwas von dir will, sag immer erst einmal Nein.*

Das so genannte Abblocken funktioniert erstaunlich gut. Sagt man klar und bestimmt erst einmal Nein, wenn jemand uns um etwas bittet, dreht fast jeder Egozentriker auf dem Absatz um und geht. Er verliert keine Zeit! Es ist nichts zu holen, also auf zum nächsten potenziellen Opfer.

Das Abblocken ist eine individuelle Methode, die den Einzelnen akut schützen kann, allerdings ist der Haken dabei, dass das potenzielle Opfer in der entsprechenden Gemütsverfassung sein muss, damit es diese Haltung durchhalten kann. Steht man dem Egozentriker nämlich allein und direkt gegenüber, kann die harte »Nein«-Haltung schnell bröckeln. Das weiß natürlich auch der Egozentriker. Er wird durch »Nettigkeiten« und Schleimen versuchen, diesen Schutzwall zum Einstürzen zu bringen. Ein weichherziges und anfälliges Opfer sollte sich also bewusst machen, dass ein schnelles »Nein« immer erst einmal nützlich ist, um Zeit zu gewinnen, damit man in Ruhe nachdenken kann.

Freundliche Unnachgiebigkeit hilft dem Bedrängten oft, sich besser aus der Situation zu befreien. Freundlichkeit kann ja auch unverbindlich sein!

Niemand sollte sich von rührseligen Geschichten dazu verleiten lassen, die harte Position gegenüber einem Egozentriker aufzugeben. Vor Selbstmitleid triefende Geschichten sollten überprüft werden, aber nichts an der Abwehrhaltung ändern. Auch Wutausbrüche und offene Drohungen sollten nichts daran ändern, dass ein Egozentriker sich an die allgemein gültigen Spielregeln halten muss.

Achte Maßnahme: Das biblische Prinzip

Merke: Ein Egozentriker kann unschädlich gemacht werden, wenn ihm sein Verhalten Nachteile bringt!

Durch das Abblocken mit einem klaren Nein kann sich ein isoliertes Opfer erst einmal retten, doch wenn es schon in den Fängen eines Egozentrikers hängt, dürfte es schwierig sein, diese Position durchzuhalten. Unterstützung bietet hier wieder die Gruppe: Die kollektive Abwehrmethode *Nachteile* ist nicht nur effektiv, sondern schützt auch jeden Einzelnen davor, ein potenzielles Opfer zu werden.

Ein Intrigant, der durch Unverschämtheit statt durch Leistung versucht, innerhalb einer Firma aufzusteigen, kann durch Strafmaßnahmen gestoppt werden. Das Ausstoßen aus dem Team, das Abschneiden von Informationen und die Verweigerung von Gesprächen wird diesem Egozentriker schnell so viele Nachteile bringen, dass er es sich gründlich überlegen wird, ob er so einen Versuch noch einmal unternimmt.

Erst wenn unmenschliches Verhalten sofort Nachteile verursacht, lohnt sich Abzocken nicht mehr. Leider haben wir in der Realität meistens nicht die Zeit, die wir für den nötigen Bewusstseinsprozess brauchen, was dem Egozentriker einen gehörigen Vorsprung verschafft. Doch nichts ist endgültig auf dieser Welt! Wir können auch verspätet mit dem Verordnen von Nachteilen beginnen: Bislang ging es ohne Widerstand, jetzt aber nicht mehr.

Frei nach dem Alten Testament kann das Prinzip *Aug' um Aug', Zahn um Zahn* einen heilsamen pädagogischen Effekt beim Egozentriker auslösen. Der Egozentriker erlebt, dass wie ein Bumerang immer sofort das Gleiche auf ihn zurückkommt, was er gerade eben versucht hat, jemandem anzutun.

In der Praxis bedeutet das viel Durchhaltevermögen für alle Beteiligten eines Kollektivs, weil es äußerst schwer ist, einem

Egozentriker etwas wegzunehmen, aber mit Hilfe einfacher strategischer Planung macht diese »biblische Pädagogik« fast schon Spaß. Wenn sich alle über das egozentrische Verhalten des Eindringlings bewusst sind, zusammenhalten und gemeinsam planen, dann wird der Erfolg die Gruppe noch weiter zusammenschweißen.

In einer Exportfirma war seit einigen Monaten der Egozentriker Sascha angestellt. Er versuchte überall, Opfer zu finden und abzurichten, denn er dachte nicht im Traum daran, tatsächlich selbst Arbeitsleistungen zu erbringen. Er brauchte dringend ein oder mehrere Opfer, die ihm die Arbeit abnahmen und zugleich für eine schnelle Beförderung sorgen konnten. Unter vier Augen machte er jedem Einzelnen Komplimente und die jeweils anderen Kollegen schlecht, kurz: er suchte Ansatzpunkte, also Schwächen. Da es glücklicherweise üblich ist, dass die alten Kollegen über den Neuen reden, kam bei einem solchen Informationsaustausch Saschas seltsames Verhalten schnell ans Licht. Tratsch hat eben auch eine überaus soziale Funktion! Es stellte sich heraus, dass der Neue jedem überzogene Komplimente machte, dabei über die anderen Kollegen lästerte und so versuchte, an unangemessene Hilfsdienste zu gelangen.

Der Fall war also klar. Und weil in dieser Firma ein überaus starker Teamgeist herrschte, wurde sofort ein Plan geschmiedet. Werner, der Buchhalter, sollte Sascha zum Schein tatsächlich einen Gefallen tun und gleich darauf einen Gefallen zurückverlangen. Am nächsten Tag war Werner besonders freundlich zu Sascha. Der witterte Morgenluft und bat Werner umgehend: »Könntest du mal diese Rechnungen für mich erledigen?« Werner nickte eifrig und nahm den Papierstapel mit. Er machte sogar Überstunden, um die Rechnungen am Abend auch ja alle fertig zu haben.

Am nächsten Tag lag auf Saschas Schreibtisch ein riesiger Stapel unerledigter Post, zu der Werner in letzter Zeit nicht ge-

kommen war. Im Vorbeigehen, ein nettes Lächeln auf den Lippen, sagte Werner: »Das kannst du ja dann heute im Gegenzug für mich erledigen! Die Briefe müssen aber morgen früh unbedingt fertig sein.«

Natürlich waren die Briefe am nächsten Morgen nicht fertig. Doch statt sich jetzt verärgert zurückzuziehen, was Ausgenutzte leider meistens tun und wie es auch jeder Egozentriker erwartet, ging Werner in die Offensive: »Wenn die Briefe morgen wieder nicht fertig sind, werde ich das dem Chef und allen Kollegen erzählen. Bei uns gilt Teamwork.«

Gleich am nächsten Morgen kam Sascha zu Werner und überreichte ihm zwei halbfertige Briefe. »Tut mir leid, mehr habe ich nicht geschafft. Ich musste gestern noch ...« Werner ließ ihn nicht ausreden, sondern stand auf und sagte: »Alle mal herhören! Sascha hat seinen Teil der gegenseitigen Hilfe nicht geleistet. Ich möchte euch bitten, ihm ab sofort nicht mehr behilflich zu sein.«

Niemand half Sascha mehr, auch nicht, als er zwei Tage später einen riesigen Berg neuer Rechnungen auf den Schreibtisch bekam. Er wurde total geschnitten.

Es mag hart klingen, was diese Kollegen getan haben, aber sie hatten bereits jahrelang einen faulen Egozentriker mit durchgeschleppt. Als dieser endlich kündigte, hatten sie sich gegenseitig geschworen, sich ihr gutes Arbeitsklima nie wieder verderben zu lassen.

Diese Methode eignet sich, wie im Beispiel gezeigt, besonders für Arbeitsverhältnisse. Im privaten Bereich wird es schwieriger, weil man hier für Freundschaftsdienste keine Gegenleistungen erwartet. Wird innerhalb eines Freundeskreises jedoch deutlich, dass sich ein Egozentriker eingeschlichen hat, kann man mit dieser Methode sozusagen das Revier verteidigen. Die gute alte Weisheit aus Großmutters Nähkästchen: »Wer nicht hören will, muss fühlen!«, trifft da genau den Kern.

Leiht sich ein Egozentriker wieder einmal etwas aus einem

fremden Kleiderschrank, sollte man keine Mühe scheuen, sofort am nächsten Tag etwas aus seinem Kleiderschrank zu fordern, ob man es nun braucht oder nicht. Sehr schnell wird der Ausbeuter dann begreifen, dass sich die eigenen Vorteile nicht lohnen, weil er dadurch ebenso viel verliert, wie er gewinnt. Und das wird er als echten Nachteil empfinden!

Tauschgeschäfte sind so alt wie die Menschheit selbst. Dagegen ist überhaupt nichts einzuwenden. Um nicht auf einen vorgetäuschten Kuhhandel mit einem Egozentriker hereinzufallen, ist es am wirksamsten, immer darauf zu achten, dass die richtige Reihenfolge eingehalten wird. Zuerst sollte die Gegenleistung geprüft und für gut befunden werden, dann kann der *echte Kuhhandel* beginnen.

Wichtig: Keine Extrawürste für Neu-Egozentriker. Das Erfüllen von sozialen Pflichten kann eine wirksame Therapie zum richtigen Zeitpunkt sein!

Der echte Kuhhandel funktioniert, in einem therapeutischen Sinn, hervorragend bei »frisch infizierten« Egozentrikern. Wenn der Neu-Egozentriker merkt, dass es für ihn keine Extrawürste gibt, kommt er meistens schnell auf den Boden der Normalität zurück.

Vorübergehende »Anfälle« von Egozentrik findet man häufig bei Menschen, die gerade gemobbt, betrogen, belogen oder auf sonst irgendeine Weise von einem Egozentriker misshandelt wurden. Aus Wut und Enttäuschung stellen sich dann ungewollt Gedanken ein wie: »Mit Menschlichkeit kommt man nicht weiter in dieser Welt! Sieh einer an, wie weit der mit seiner Unverschämtheit gekommen ist, und ich sitze immer noch auf demselben Posten! Jetzt mache ich es auch so!«

Und tatsächlich versuchen diese ehemaligen Opfer dann auszuprobieren, welche Vorteile mit egozentrischem Verhalten herauszuholen sind. Wenn die Gruppe, ob privat oder nicht, dann sofort mit der Parole »Gleiche Rechte und Pflichten für alle« reagiert, sind solche Anfälle schnell zu stoppen. Der »frisch Infizierte« ist ja im Kern kein richtiger Egozentriker, sondern nur ein wütendes Opfer, das den Spieß einfach umdreht! Doch auch wenn Rachegelüste mehr als verständlich sind, man trifft damit leider immer die falschen, nämlich wiederum hilfsbereite Menschen. Der Egozentriker selbst ist längst über alle Berge.

2. Andere Wege aus der Egozentrik

Egozentrik ist ein Problem, das scheinbar vorzugsweise die westlichen Industriestaaten heimgesucht hat. Sicher spielt die Kurzlebigkeit unserer sozialen Zusammenschlüsse eine beschleunigende, wenn nicht gar die zentrale Rolle. Umzüge sind an der Tagesordnung, Ehen werden vielfach geschieden und Menschen verlieren sich schnell und viel zu oft für immer aus den Augen. Keine Gruppe, kein Sozialverband scheint mehr lebenslangen Halt, Sicherheit und Geborgenheit zu bieten. Aufgrund dieser Individualisierung innerhalb unserer Gesellschaft hat sich die Egozentrik zu einem ungeheuren Zerstörungspotenzial entwickelt.

Der wirtschaftliche Fortschritt und die zunehmende Globalisierung der Arbeitswelt machen die Mobilität der arbeitenden Bevölkerung und ihrer Familien notwendig. Doch hat diese Veränderung im uralten Sozialgefüge die Menschen mehr verunsichert, als absehbar war. Die Egozentrik ist auf dem besten Weg, den erreichten materiellen Wohlstand für eine breite Bevölkerungsschicht wieder zu zerstören. Es wird daher Zeit, dass wir uns auf unsere inneren Wurzeln besinnen, auf den intakten Sozialverband, sei er auch nur von temporärer Dauer.

Andere Kulturen, die den Wandel vom festen zum zeitlichen Sozialverband nicht mitgemacht haben, haben auch weniger mit Egozentrik zu kämpfen. Es gibt allerdings auch innerhalb der westlichen Industriestaaten bereits Versuche, dieses Problem zu bewältigen.

Der neuamerikanische Mittelweg: Die Kommunitaristen

In den Vereinigten Staaten entwickelte sich vor einigen Jahren eine unauffällige, aber denkwürdige Bewegung: der Kommunitarismus. In Gemeinden, die es von ihrer Größe und Überschaubarkeit zuließen, trafen sich Nachbarn, Freunde und Bekannte, um Bedürftigen in ihrer jeweiligen Nachbarschaft gezielt und gemeinschaftlich zu helfen. Diese Menschen waren zu der Überzeugung gelangt, dass echte Hilfsbedürftige nur sehr selten um Hilfe bitten, sondern stattdessen lieber still und abgeschieden vor sich hin leiden. Sie bemerkten ebenfalls, dass jene, die lauthals um Hilfe schreien, oft gar nicht bedürftig sind.

Die Hilfsverbände der Kommunitaristen funktionieren nach folgendem Prinzip: Gespräche und Hilfsmaßnahmen werden nur innerhalb der jeweiligen Gruppe besprochen und beschlossen. Es geht niemals nur eine einzelne Person zu einem Hilfsbedürftigen.

Dieses Verhalten ist gesund! Durch den Gruppenzusammenhalt schützen sich die Helfer vor einseitigen Darstellungen und verzerrten Wahrnehmungen. Durch ihre Gruppengespräche finden sie schnell heraus, was getan werden sollte und was nicht. Zugleich fordern diese nachbarschaftlichen Hilfsorganisationen dazu auf, dass, wer Hilfe in Anspruch genommen hat, diese Hilfe an andere weitergeben soll, wenn es ihm wieder besser geht.

Durch die einfache Formel *Gruppenbildung und offene Gespräche* hat sich ein vorbildliches Hilfesystem für wahrhaft Bedürftige entwickelt. Diese instinktgerechte Struktur gibt daher kaum einem Egozentriker die Möglichkeit, einen der Verbände auszunutzen.

Der asiatische Weg: Kollektivismus – eine Alternative?

Eine weitere Variante, die Gemeinschaft höher zu bewerten als das Individuum, finden wir in Asien. Das Kollektiv ist dort das Zentrum des Lebens. Niemand lebt nur für sich, sondern in erster Linie immer für das Sozialgefüge. Uns mag es vielleicht seltsam oder ungewohnt vorkommen, dass sich jeder Einzelne seiner Gruppe so verpflichtet fühlt, dass er jederzeit seine persönlichen Interessen zugunsten des Kollektivs zurückstellt. Die Familie, die Nachbarn und die Kollegen werden als lebenslange Verpflichtung gesehen, als ein Sozialgefüge, in dem jeder Einzelne eingebunden ist und mit dem er zurechtkommen muss. Wechsel im Sozialgefüge, seien es Kündigungen, Scheidungen oder Umzüge, werden missbilligt.

Bekanntlich werden Japaner von ihren Firmen nicht angestellt, sondern sie »heiraten« die Firma, so jedenfalls die japanische Formulierung. Ebenso unglaublich mag es für unsere Ohren klingen, dass bei Selbstmorden als Grund Nummer eins angegeben wird: Meine Nachbarn mögen und/oder akzeptieren mich nicht.

Da das Individuum der jeweiligen sozialen Gruppe total untergeordnet ist, kommt Egozentrik in den asiatischen Gesellschaftsordnungen kaum vor – außer an der Spitze! Mit fast despotischem Machtanspruch diktieren die einzelnen Oberhäupter von Clans oder Firmen, wo es langzugehen hat. Diese Form der exklusiven Egozentrik ist allerdings ganz deutlich auf die

Erziehungsmethoden, denen diese Anführer ausgesetzt waren, zurückzuführen. Steht fest, dass ein Knabe als Erwachsener Clan- oder Firmenoberhaupt werden wird, wird ihm bereits in der Kindheit kein einziger Wunsch abgeschlagen. So werden geradezu absichtlich primäre Egozentriker zum Zwecke der Besetzung von Spitzenpositionen erzeugt. Dennoch reglementiert das Pflichtprogramm die Versorgung Untergebener oder unterstellter Clan-Mitglieder. Abweichungen davon werden streng geächtet und führen schnell zum Verlust der ererbten Position, was einen gewissen Schutz bietet gegen eine mögliche Ausuferung dieser Form der Egozentrik.

Die Indianer kannten kein Ich

Es ist bekannt, dass viele Indianerstämme ein sehr festes und vor allem funktionierendes Sozialgefüge besaßen. Sicher trugen hierzu auch die Überschaubarkeit der einzelnen Dorfgemeinschaften und die lebenslange Zusammengehörigkeit bei.

Ein interessanter Aspekt ist die Tatsache, dass in den meisten indianischen Sprachen das Wort Ich fehlt. Die Sippe hatte einen derart übergeordneten Stellenwert im Leben jedes Einzelnen, dass die Entwicklung einer ausgeprägten Selbsterkenntnis nicht stattfand. Jedes Stammesmitglied hatte zwar einen Namen, sprach von sich selbst aber auch mit diesem Namen, wodurch es sich nicht durch ein exponiertes Ichgefühl von den anderen abhob. Dazu fehlten sogar die sprachlichen Möglichkeiten. Da Sprache ein Spiegel unseres Bewusstseins ist, kann davon ausgegangen werden, dass ein Ichbewusstsein, zumindest in der Form, in der wir es kennen, nicht existierte.

Es geht nicht darum, sich die Indianer zum Vorbild zu nehmen, sondern zur Kenntnis zu nehmen, dass Menschen auch ohne ein Ichbewusstsein gut miteinander leben können. Man kann daraus schließen, dass nur mit einem Ich zu leben, also ohne Gruppe und sozialen Zusammenhalt, dem Menschen schlicht nicht möglich ist, weshalb die psychische Isolation zu krankhaften Störungen führt. Bei aller Selbstfindung und Selbstverwirklichung sollten wir nicht vergessen, dass alle individuellen Freiheiten und sozialen Entwicklungen immer nur auf der Grundlage einer funktionierenden Gesellschaft stattfinden können. Bevor wir uns also frustriert von unserer Gesellschaft abwenden, weil wir ihren derzeitigen Zustand beklagen, sollten wir daran denken, wie abhängig wir von ihr sind.

3. Einfache Schutzmöglichkeiten gegen Egozentrik

- Offene Gespräche mit Freunden, Familienmitgliedern, Kollegen; Abbau falscher Schamgefühle: Dem Täter sollte es peinlich sein, nicht dem Opfer!
- Meinung anderer Menschen einholen, wenn etwas seltsam erscheint
- Fakten mit der Darstellungsweise vergleichen. Liegt wirklich eine Notlage vor oder wird das nur so dargestellt?
- Auf Gesprächsinhalte achten: Spricht jemand immer nur über sich selbst?
- Überprüfen von Geschichten, indem andere, an derselben Situation Beteiligte, befragt werden
- Öffentlichmachen von Lügen, Verdrehungen, Intrigen, Betrügereien
- Betrug, wenn gesetzlich möglich, anzeigen!
- Nicht isolieren lassen!
- Kollektives Abblocken von Bittstellern, die offensichtlich auf Kosten anderer leben
- Auf Warnungen von alten Freunden, Familienmitgliedern und Kollegen hören.

- Aug' um Aug', Zahn um Zahn: Bei Unbekannten auf Gegenleistungen bestehen
- Auf Rückgabe von Leihgaben, auf Einhalten von Versprechungen bestehen
- Leistung statt Scheinbedürftigkeit den Vorrang geben. Vorsicht bei neuen Bekannten, deren einziges Argument für Hilfsdienste Freundschaft ist!
- Vorsicht bei bemitleidenswerten, dramatischen Darstellungen (Selbstdarstellungen)!
- Gesunde Distanz wahren bei aufdringlichen, überaus netten neuen Bekannten
- In schlechten Lebensphasen lieber Unterstützung bei alten Freunden und Familienmitgliedern suchen
- Bewusstsein für die eigenen Stärken ausbilden, gesundes Selbstbewusstsein entwickeln
- Bewusstsein für die eigenen Schwächen ausbilden – niemand ist perfekt! Vorsicht bei Lob, das auf die Schwächen oder Komplexe abzielt!
- Die Frage im Hinterkopf behalten: Was will derjenige von mir?

Nachwort
Wehren lohnt sich für uns alle!

Egozentrik sollte niemand als Schicksalsschlag hinnehmen. Die offene Abwehr, auf der Basis unserer gesunden Instinkte, ist das Programm, mit dem sich etwas ändern lässt. Menschlicher Zusammenhalt und gegenseitige Verlässlichkeit stellen sich automatisch ein, wenn wir an unsere Instinkte appellieren.

Die zahlreichen *sekundären* Egozentriker sind die eigentliche Gefahr, mit der wir zu kämpfen haben. Überlassen wir ihnen am besten keinen einzigen Vorteil, keinen einzigen Zentimeter unverdienten Bodens. Dann müssen sie, wohl oder übel, zurückkehren zu einem gesunden Sippenverhalten und Leistung erbringen statt Ausbeutung zu betreiben. Wir sollten uns nicht scheuen, einen Egozentriker aktiv abzublocken, indem wir ausnahmsweise mal nicht nett und hilfsbereit sind.

Primären Egozentrikern kann ohnehin nur durch eine psychologische Behandlung geholfen werden. Das ist allerdings kein Grund, sie gewähren zu lassen. Im Gegenteil, wir tun ihnen im Zweifelsfall noch einen Gefallen, wenn wir sie ausschließen, denn ihr Unwohlsein wird sie dann vielleicht etwas eher in die Hände eines Arztes treiben.

Die offene Abwehr gegen alle Arten von Egozentrikern hilft nicht nur, unseren momentanen gesellschaftlichen Zustand zu verbessern, sondern bewahrt auch unsere Kinder vor der nächsten Generation pathologischer Blutsauger.

Der gesunde Bewusstseinsprozess beginnt damit, dass wir uns vor Augen halten, dass jeder von uns eine gesunde Mischung aus Stärken und Schwächen ist. Wir sollten uns nicht mit unseren Schwächen erpressen lassen, auch nicht durch falsches Lob, denn Schwächen sind etwas völlig Normales.

Wenn die Natur oder Gott gewollt hätte, dass wir perfekt sind, hätten sie uns perfekt gemacht! Offensichtlich wollten sie es anders. Eine kleine Schwäche innerhalb einer Gesamtpersönlichkeit ist noch lange kein Grund, sich grenzenlos ausnutzen zu lassen.

Die gesunden Gruppenbeziehungen in unseren Familien, unseren Freundeskreisen und unter Kollegen sollten uns mehr wert sein als jeder dramatisierende, aufgeblasene und heuchelnde Egozentriker. Auch wenn diese Menschen auf den ersten Blick exotisch, interessant und andersartig erscheinen, sie unterscheiden sich von uns nur dadurch, dass sie krank und nicht dadurch, dass sie etwas Besonderes sind!

Von Egozentrikern wird niemand etwas bekommen, das irgendeinen Wert hat. Jeder kann nur verlieren. Es handelt sich um eine Einbahnstraße der Zerstörung.

Das Leben ist zu kurz, um es mit der Befriedigung wahlloser Bedürfnisse eines Abzockers zu verbringen. Freuen wir uns lieber an all unseren guten Freunden, Familienmitgliedern und Kollegen, die erwiesenermaßen wirklich nett zu uns sind. Ein instinktsicheres Gruppengefühl und ein natürlicher Zusammenhalt nützen jedem von uns mehr als alles andere.

Macht man sich die Zusammenhänge erst einmal klar, ist instinktgerechtes Verhalten leicht zu erkennen. Eine gesunde Distanz zu Beginn jeder Form von Beziehung gehört ebenfalls dazu. Nach dieser natürlichen Testphase wird es umso erfreulicher sein, einen echten neuen Freund innerhalb des persönlichen Sozialgefüges aufnehmen zu können.

Konzentrieren wir uns bewusst und mit gesundem Selbstvertrauen auf unsere Ur-Instinkte, dann können wir einen ausreichenden Schutz gegen Egozentrik aufbauen. Wer sich artenfeindlich oder artenfremd verhält, wird ausgestoßen, bis er es gelernt hat, sich einzufügen. Debatten sind zwecklos und verwässern nur das Problem.

Zu unseren Überlebensinstinkten gehört auch der Instinkt, die Art gesund zu erhalten und vor Zerstörung zu bewahren.

Intriganten und Ausbeuter gehören in kein Rudel, keine Herde, keine Sippe. Wer nur Vorteile in Anspruch nimmt, ohne selbst etwas dafür zu leisten, lebt gegen die Natur sämtlicher Lebewesen. Wer in einem Sozialverband keine Pflichten übernimmt, sondern nur von den Sippenrechten profitiert, hat genau genommen keine *natürliche und instinktgerechte* Lebensberechtigung. Nehmen, ohne zu geben, ist ein naturfeindliches Prinzip und zerstört die Dynamik des Lebens.

Die Menschheit hat gerade wegen ihrer sozialen Verhaltensweisen Millionen von Jahren überlebt, und wir sollten uns am Beginn eines neuen Jahrtausends nicht durch abnorme Zerstörer zur Strecke bringen lassen. Vor diesem Hintergrund lohnt es sich wirklich, die sich verbreitende Egozentrik zu bekämpfen.

Literaturhinweise

Alfred Adlers Individualpsychologie. Eine systematische Darstellung seiner Lehre in Auszügen aus seinen Schriften. Hrsg. von Heinz L. und Rowena Ansbacher. München 1994

Buggle, Franz: Die Entwicklungspsychologie Jean Piagets. Stuttgart 1993

Dethlefsen, Thorwald und Rüdiger Dahlke: Krankheit als Weg. Deutung und Be-Deutung der Krankheitsbilder. München 1983

Eibl-Eibesfeldt, Irenäus: Der vorprogrammierte Mensch. Das Ererbte als bestimmender Faktor im menschlichen Verhalten. Kiel 1985

Eibl-Eibesfeldt, Irenäus: Die Biologie des menschlichen Verhaltens. Grundriß der Humanethologie. München 1997

Eibl-Eibesfeldt, Irenäus: Der Mensch, das riskierte Wesen. Zur Naturgeschichte menschlicher Unvernunft. München 1997

Ginsburg, Herbert: Piagets Theorie der geistigen Entwicklung. Stuttgart 1993

Heidegger, Martin: Sein und Zeit. Tübingen 1977

Jacoby, Henry: Alfred Adlers Individualpsychologie und dialektische Charakterkunde. Frankfurt am Main 1994

Kesselring, Thomas: Jean Piaget. München 1988

Sartre, Jean-Paul: Die Transzendenz des Egos. Philosophische Essays 1931 –1939. Reinbek bei Hamburg 1982

Sartre, Jean-Paul: Bewußtsein und Selbsterkenntnis. Die Seinsdimensionen des Subjekts. Reinbek bei Hamburg 1973

Schmidt, Rainer (Hrsg.): Die Individualpsychologie Alfred Adlers. Ein Lehrbuch. Frankfurt am Main 1989

Erich Fromm im dtv

»Vielleicht zählt er für künftige Interpreten dereinst zu den Wortführern jener Kraft, die durch ihre mutigen Ideen dazu beitragen können, daß wir toleranter und hilfsbereiter, bedürfnisloser und friedfertiger werden.«
Ivo Frenzel

Arbeiter und Angestellte am Vorabend des Dritten Reiches
dtv 4409

Die Seele des Menschen
dtv 35005

Das Christusdogma und andere Essays
Die wichtigsten religionskritischen Schriften
dtv 35007

Psychoanalyse und Ethik
Bausteine zu einer humanistischen Charakterologie
dtv 35011

Über den Ungehorsam
dtv 35012

Die Furcht vor der Freiheit
dtv 35024

Über die Liebe zum Leben
Rundfunksendungen von Erich Fromm
dtv 35036

Es geht um den Menschen
Tatsachen und Fiktionen in der Politik
dtv 35057

Liebe, Sexualität und Matriarchat
Beiträge zur Geschlechterfrage
dtv 35071

Sigmund Freud
Seine Persönlichkeit und seine Wirkung
dtv 35096

Die Kunst des Liebens
dtv 36102

Haben oder Sein
Die seelischen Grundlagen einer neuen Gesellschaft
dtv 36103

Erich Fromm Gesamtausgabe in zwölf Bänden
Herausgegeben von Rainer Funk
dtv 59043

dtv

Märchen – psychologisch gedeutet

Eugen Drewermann
Lieb Schwesterlein, laß mich herein
Grimms Märchen tiefenpsychologisch gedeutet
dtv 35050

Eugen Drewermann
Rapunzel, Rapunzel, laß dein Haar herunter
Grimms Märchen tiefenpsychologisch gedeutet
dtv 35056

Verena Kast
Mann und Frau im Märchen
Märchen psychologisch gedeutet
dtv 35001

Verena Kast
Wege zur Autonomie
Märchen psychologisch gedeutet
dtv 35014

Verena Kast
Wege aus Angst und Symbiose
Märchen psychologisch gedeutet
dtv 35020

Verena Kast
Märchen als Therapie
dtv 35021

Verena Kast
Familienkonflikte im Märchen
Märchen psychologisch gedeutet · dtv 8422

Gerlinde Ortner
Märchen, die Kindern helfen
Geschichten gegen Angst und Aggression und was man beim Vorlesen wissen sollte
dtv 36107

Gerlinde Ortner
Neue Märchen, die Kindern helfen
Geschichten über Streit, Angst und Unsicherheit, und was Eltern wissen sollten
dtv 36154

Ingrid Riedel
Die weise Frau in Märchen und Mythen
Ein Archetyp im Märchen
dtv 35098

Peter Schellenbaum im dtv

»Wer sich verändern will, muß sich bewegen!«
Peter Schellenbaum

Die Wunde der Ungeliebten
Blockierung und Verlebendigung der Liebe
dtv 35015
Der Autor erläutert, wie es uns gelingen kann, unsere Liebesfähigkeit lebendig werden zu lassen.

Abschied von der Selbstzerstörung
Befreiung der Lebensenergie
dtv 35016
Peter Schellenbaum zeigt, wie der einzelne dem Teufelskreis von blockierten Gefühlen und selbstzerstörerischem Verhalten entkommen kann.

Das Nein in der Liebe
Abgrenzung und Hingabe in der erotischen Beziehung
dtv 35023
In der Liebe ist der Wunsch nach Abgrenzung notwendig für die Selbstverwirklichung.

Gottesbilder
Religion, Psychoanalyse, Tiefenpsychologie
dtv 35025
Die unterschiedlichen Gottesauffassungen von Freud und Jung werden in diesem Buch zu einer Synthese gefügt.

Tanz der Freundschaft
dtv 35067
Eine ungewöhnliche Annäherung an das Wesen der Freundschaft.

Nimm deine Couch und geh!
Heilung mit Spontanritualen
dtv 35081
Peter Schellenbaum stellt seine Therapiemethode der Psychoenergetik vor.

Aggression zwischen Liebenden
Ergriffenheit und Abwehr in der erotischen Beziehung
dtv 35109
Peter Schellenbaum zeigt, daß Aggression einen wichtigen Impuls für Erotik und Lebendigkeit in jeder Beziehung darstellt.

Träum dich wach
Lebensimpulse aus der Traumwelt
dtv 35156

Abservierte Männer, Kinder ohne Väter – Opfer eines hunderttausendfachen Scheidungskrieges

Karin Jäckel
Der gebrauchte Mann
Abgeliebt und abgezockt – Väter nach der Trennung
dtv premium 15103

»Meine Anklage gilt nicht den Menschen, die ihre Ehe oder eheähnliche Beziehung auflösen. Ich prangere nur das Wie an.«

Jede dritte Ehe in Deutschland wird geschieden, und in knapp der Hälfte gibt es gemeinsame Kinder. In der Regel bleiben diese bei den Müttern, und die Männer werden zu Besuchspapas und Zahlvätern degradiert, die sich den ersehnten Kontakt zum eigenen Sprößling bitter erkämpfen müssen.

Wie diese in Scheidungsfällen ganz alltägliche Situation von den Betroffenen erlebt wird, dokumentiert Karin Jäckel in dieser Sammlung authentischer Lebensgeschichten, die den Blick vom Leid der Frauen an zerbrochenen Familien auf das der Männer und der gemeinsamen Kinder lenkt.

»Karin Jäckels schockierender Sozialreport macht darauf aufmerksam, daß hier sozialer Zündstoff entsteht, der uns alle angeht – nicht nur ein paar zornige Mütter, verletzte Väter und verzweifelte Kinder.«
Eva Herold-Münzer

Liebe – Ehe – Partnerschaft

Alexandra Berger,
Andrea Ketterer
Warum nur davon träumen?
Was Frauen über Sex wissen wollen
dtv 20017

Barry Dym,
Michael L. Glenn
Liebe, Lust und Langeweile
Die Zyklen intimer Paarbeziehungen
dtv 35132

Erich Fromm
Die Kunst des Liebens
dtv 36102
Liebe, Sexualität und Matriarchat
Beiträge zur Geschlechterfrage
dtv 35071

Karl Grammer
Signale der Liebe
Die biologischen Gesetze der Partnerschaft
dtv 33026

Hugh Mackay
Warum hörst du mir nie zu?
Zehn Regeln für eine bessere Kommunikation
dtv 36546

Anne Wilson Schaef
Die Flucht vor der Nähe
Warum Liebe, die süchtig macht, keine Liebe ist
dtv 35054

Peter Schellenbaum
Die Wunde der Ungeliebten
Blockierung und Verlebendigung der Liebe
dtv 35015
Das Nein in der Liebe
Abgrenzung und Hingabe in der erotischen Beziehung
dtv 35023
Aggression zwischen Liebenden
Ergriffenheit und Abwehr in der erotischen Beziehung
dtv 35109

Laurie Schloff,
Marcia Yudkin
Er sagt, sie sagt
Die Kunst, miteinander zu reden
dtv 8429

Judith S. Wallerstein,
Sandra Blakeslee
Gute Ehen
Wie und warum die Liebe bleibt
dtv 36119